放送大学叢書044

近現代日本の生活経験

近現代日本の生活経験　目次

はじめに

本書が刊行される二〇一八年は、日本が近代の歩みを開始した明治元年から百五十年目にあたる。それに呼応したわけではないが、本書では、近代という新たな環境に人々の生活がどのように対応してきたのか、その結果として現在どのような課題に直面しているのかについて考えてみたい。

環境の変化への生活の対応は、決して一様ではない。本書では、足かけ三世紀にわたる生活対応の経験を、大きく三つに整理して振り返りたい。一つは、近代初頭の曲折を経て、ひたすら近代化を目指してきた時期で、近代の往路ともいえよう。そこでは、近代という環境への過剰な生活対応がなされていた。二つは、従来の生活の形を変えながら、よりよい生活を実現してきた時期で、近代の復路ともいえよう。そこでは、生活単位の規模を縮小して、課題を生活の内部で処理する対応がなされていた。三つは、近代への生活対応の結果として、未曾有の少子・長命の人口減少社会に直面する現在である。そこでは、課題の内部化の限界がミクロの生活問題を顕在化させ、個別的な生活支援が展開されることになる。

さて近代という環境は、それまでの生き方を大きく変える異質で強い環境であった。実際、明治期からは労働、家族、学校教育、公衆衛生という幅広い生活領域で大きな変化がもたらされた。

雇われて働く労働への変化は、自営業とはまったく異なった労働規律をもたらした。家族の形は直系家族から核家族に移行し、成員間の関係も質的に変化した。学校教育は、家族や地域に根差した情報に代わり、全国に共通する客観的な知識を急速に普及させた。公衆衛生は、都市を中心に生活環境を改善して、それまでとは異なった衛生観念や身体規律を伝播させた。

これらの生き方の変更は、もちろん順調に実現したわけではない。当初は戸惑いや反発をともないながら、しだいに生活姿勢として幅広く浸透し、やがて目指すべき目標となっていった。貧困問題を噴出させながらも、まっしぐらに近代化の往路を突き進んできたのである。やがてこの路は戦争への路と重なることにもなる。

本書の第一章から第四章では、このような近代化の過程での生活経験をとりあげている。そこでは、近代の最底辺を支えた貧困の言説と生活実態の変貌、新たな都市生活への過剰な対応、欧米の生活様式を目指した生活改善活動の顛末について考える。

生活にとっての戦後は、近代化の路を復路に折り返すかのような生活対応で始まった。生活問題が社会的に外部化されるにとどまらず、その課題が生活の内部で処理されるような対応がなされたからである。生活課題の内部化とは、端的には勤労者世帯の出生児数の縮減である。よりよい生活に向かって生活単位を自らの手で組織し始めるのである。このように生活の形に手をつけることによって、その後の生活対応の選択幅は格段に拡がることになった。

二十世紀の後半には、生活の水準や様式において目覚ましい変化を経験するが、その過程では、生活の形を変えていくような対応が重ねられてきた。第五章では、生活課題の内部化の始まりとして一九五〇年代の人工妊娠中絶をとりあげる。第六章では、高度成長期以降の勤労者世帯の生活の形の変化を、社会階層の自己変容として考える。

前世紀末から二十一世紀にはいると、生活課題の内部化が飽和状態に達し、新たな課題をもたらすことになる。それまで目指されていた生活モデルを突き抜けて、生活の形の変化が進行するからである。もはや生活モデルを目指すだけでは、よりよい生活像も描けなくなる。こうして課題の内部化すなわち自己変容の飽和は、マクロの生活動向においても、ミクロの生活局面においても、歴史的にも初めて経験する生活課題をもたらすことになる。

マクロの動向では、少子と長命という条件において、長期にわたる人口規模の減少が基調になる。新たな人口学的条件や基調は、未婚率の上昇や単独世帯の増加、典型的な核家族世帯の減少などの、生活の形の変化とともに進行してきた。マクロの動向は、もはや生活対応の守備範囲をこえているが、生活の形とかかわる限りで、第九章では、人口減少下の少子・長命と生き方の変容について考える。

ミクロの局面では、生活の形の選択幅が拡がり、生き方が多様化することで、個別のケースに立ち入った生活問題の理解が求められる。そのため生活をめぐる政策も、共通する生活条件の保障から、当事者の生き方にそくした個別的で直接的な生活支援へと重点を移行する。高齢者介護における地域包括ケアシステムの構築は、その典型例である。第八章では、ミクロの生活問題の焦点化と生活支援の課題としてとりあげる。

順序が前後するが、第七章では、現代の貧困の特徴とその生活支援について考える。貧困問題は、貧しさという以上に、生きにくさや社会的な孤立として表れている。貧困においては、生活の形の変化も急激で多様であり、生活の組み立ても不安定になる。そのため貧困の当事者に寄り添い伴走する生活支援も登場する。現代の貧困問題は、前述したマクロ・ミクロの課題と共通しており、むしろその困難を先取りしているともいえよう。

本書の全体は、およそ以上のような流れで成り立っている。興味のある章から読んでいただき、先人たちがどのように生活を営んできたのか、そして今日われわれがどのような課題に直面しているのかを考えるきっかけになれば、筆者としては喜ばしいかぎりである。

●第一章

生活の貧しさはどのように見出されたのか

十九世紀末から二十世紀初めの貧困言説

近代の日本がはじまって約百五十年、その前半の九十年余りの間、生活の多くは貧しさによっておおわれていた。生活の貧しさをめぐる言説やデータが数多く残されているのはこのためである。しかも残された記録を時系列に検討してみると、貧しさの性格が速やかに変わっていくことが明らかになる。言説やデータは、貧困が固定したり深まったりするというよりは、貧しさのあり方が大きく変化することを物語ってくれる。

まず本章では、十九世紀末からの貧民窟の記録をとりあげる。これらは、近代における初めてのまとまった生活認識としての意義を持つものである。貧民窟という異質な生活世界への関心が、どのように近代の貧困認識を形づくっていくのかについて考えてみたい。

本章は「貧民窟」の記録の言説分析が中心である。次章では、十九世紀末から一九三〇年代にかけて、貧困の実態が急速に変化する様子を明らかにする。

一．貧民窟調査とその記録——初めての生活認識——

十九世紀末から、未開社会に旅立つかのように都市のスラム、当時の言葉でいえば貧民窟が探訪・踏査され、そこでの生活が異質な習俗として記録された。記録した者たちは、書き手である以上に探訪者であり、当初は無名もしくはペンネームで新聞や雑誌に寄稿した。近代初頭の貧民窟は都市の内側にありながら、まったく性格を異にした外部世界として、彼らに強い衝撃をあたえ、その探訪へと駆り立てたのである。

一八八〇年代からの松方デフレによって、農村社会が打撃を受け、農村から都市への人口流入が増加し、とくに東京では武家地や寺社地などの空き地に、流入人口の一部が多くの貧民窟を形づくることになった。そこでの生活は、習俗として記録されるような独特の共同性によってかろうじて支えられていた。それは、既存の社会をおおっていた持続的な共同性ではなかったが、貧民窟の生活を支え合う過渡的な共同性であった。このことが、都市社会から排除された外部性を際立たせ、貧民窟への関心をいっそう喚起した。

貧民窟調査の生活記録は、今日でも容易に手にすることができる。岩波文庫には、松原岩五郎『最暗黒の東京』（一八九三年）、横山源之助『日本の下層社会』（一八九九年）、中川清編『明治東京下層生活誌』（一九九四年、一八八六〜一九一二年の生活誌を十四篇収録）が収められている。これらの調査記録は、一九一〇年代から本格化する中央政府や地方行政の貧困調査とは、アプローチの仕方や記述のトーンが対照的な性格を帯びており、統計調査として整序される以前の、断片的ではあるが多彩で未分化な魅力も備えていた。

残された記録を手がかりに、貧しさがどのように見出されてきたのかを、貧民窟調査が実施された順を追って振り返りたい。

二．異質性への関心と固有の生活世界

異質な存在への驚き

まず『明治東京下層生活誌』に収録された一八八六年の『朝野《ちょうや》新聞』の連載記事「府下貧民の真況」（筆者不明）をとりあげよう。貧民窟の記録は、何よりも探訪者の生

活とはあまりにも隔たっている営みへの、驚きとして登場した。

「同じ民庶の間にも貴賤貧富の差別あるは実に驚くに余りあり」
「実《まこと》に人間の住み家《か》とも思われぬまでなるは、すなわちこの地の概況なり」

このような距離感と驚きのなかで、貧民社会は次のように描かれる。

「他より見れば馬鹿々々しきほどなれどこの社会にては常の事と思いて少しも怪しむことなし」
「総じてこの人々は貧賤を苦と思わず一度この中に陥ればかえって安楽なりといい、再び人間《じんかん》に出る事を願わざるものの如し」

これらが貧しさの初発の描写であった。探訪する側とされる側が、互いにほとんど影響を与えあわず、両者の間には、大きな距離が横たわっていた。隔たっているというより、都市の外部世界として見出された貧民社会を前にして、驚きの視線そのもの

図表1-1　東京市四谷区「鮫ヶ橋貧家の夕」
（出典）『風俗画報』明治36年10月25日、277号

が静止している状態であった。明確な価値判断はもとより、持続的な関心さえも生じさせない、異質な存在へのまなざしそのものであったといえよう。生活の貧しさは、大きな差異を切り口に記録され始めたのである。

習俗への関心

一八九〇年頃になると、貧民窟に独自の習俗への関心が高まり、まなざしは微妙なニュアンスを帯びてくる。貧民窟の営みから、かすかな影響を書き手が受け始めるのである。桜田文吾が大我居士のペンネームで、一八九〇年に雑誌『日本』に連載した記事では、次のような記述が

見受けられる。

「驚きは転じて怪しみとなりぬ、哀れむべし貧の天地」

「積もり積もりし彼らが今日の身の有様見るにつけ聞くにつけ凡《およ》そ天地の間生きとし生きる情けの動物、誰か憫《あわ》れと思わざらめ」

「奇も奇なれど不気味も不気味なり」

驚きは怪しみや不気味さをともない、まなざしは貧民窟の不思議な力に引きつけられる。そしてやがて、哀れや憫れという感情の表出をともなうことになる。これらの違和感や感情は、奇風や奇態と言い表された貧民窟の異質な習俗に、身近に接していくなかで引き起こされた。習俗への関心の高まりと、複雑な感情の表出とは、相互に関係していたのである。

貧民窟の習俗のなかでも、残飯や屠場の臓物などの食物、乞食や屑拾いなどの職業とその組織には大きな関心がよせられ、細部にわたる記録も残された。質屋などの多様な店屋、家屋の様子や家賃はもちろん、独特の疾病や衛生状態、さらには貧民教育にも注目される。また婚礼、出産、葬儀という人生の儀礼、祭礼や年末年始の行事には、比較的多くのスペースが割かれている。これらの記録は一九〇〇年前後まで続くが、次第に習俗についての広範な項目が整理され、貧民窟の記述には共通した構成がうかがえるようになる。

さまざまな習俗が織りなす貧民窟内部の人間関係は、どのように描かれたのであろうか。古くからの貧民窟である大阪名護町の様子を、鈴木梅四郎は一八八八年末の『時事新報』で次のように述べている。

「貧民相互の関係を尋るに頗る親密の交情あり。善悪ともに相扶け相憐むの義心に富みたる中にも、相長屋の間は殊に以て厚情ありとす」
「兎に角彼等相互の間は相一致協合して、患難相救ひ喜楽相共にするの實に近きものありと謂つべし」

貧民窟の生活は、相互扶助の強い関係で結ばれ、束ねられているというのである。これ以後の記録でも、相互扶助に言及されるが、それは限られた期間であれ、貧民窟の内部で自己完結できる関係としてであった。貧民窟の生活は、その内部に形づくられた一時的な共同性に依存する以外の手立てを講じることができなかったのである。

固有の生活世界への思い入れ

習俗への関心を、貧民窟の固有な生活世界として描き出したのは、若き日の松原岩五郎であった。松原は、乾坤一布衣《けんこんいちふい》のペンネームで一八九三年に『最暗黒の東京』を刊行した。そこでは、貧民窟に独特の食物や職業そして人間関係などの細部が、固有の生活世界として活き活きと記録された。生活の欠乏という認識が、習俗への関心に重ねられて、記述に展開力が備わったのである。

「知らずや彼らの生活スベテ『欠乏』といえる文字を以って代表され居るものなるを。彼ら既に万事欠乏の裡《うち》に生活す、いづくんぞ、その欠乏を満たすための経営なからんや。」

貧民社会の生活は欠乏の営みであり、その習俗は欠乏ゆえの表現とされる。こうして固有の生活世界への過剰ともいえる思い入れがなされ、探訪者としての自らの立場への懐疑や自省さえ吐露される。

「いかなる場合においても常に人生生活の下段を働らく処の彼らの覚悟のいかに健全にして、その平常のいかに安怡《あんい》なるよ。（中略）いかに彼らの血液の清潔なるよ、ああ予をして、もしもこの不治の廃疾（学問したる一の廃疾）あらざらしめば、直ちに進んで彼らの群《むれ》に入るべかりしものを」

さきにみた貧民窟の相互扶助の関係については、施し米を数人分かすめ取った場面をとりあげて、次のように述べている。ここでの共産主義へのアナロジーは、もちろん過渡的な共同性を意味しているにすぎない。

「いやしくも貧民として彼が生存せん限りは、到底《とうてい》彼れ一人の身を以て数人前の分配を占領するの鄙吝《ひりん》あるを容《ゆる》されず、必らずやその日随一の働らき者として周囲の称讃を博すると共にその貪り獲《え》たる物品は、直ちに両隣合壁《りょうりんがっぺき》へ向って散じ、万遍なくその土地の霑沢《うるおい》となるを見るは、殆《ほと》んど類似《により》たる共産主義のこの社会に行われ居るが故なり」

松原は東京を「動物都会」とも呼んでいたが、その運動力の一部として、貧民窟の生活世界が自在な活力に満ちた場所として描かれることもあった。また欠乏の認識が、東京全体を参照基準として導かれたことも否定できない。さらに一八九六年の『時事新報』に連載された「東京の貧民」では、職業の詳細な記録のなかで、施しを乞う側(乞食)と、施しを与える側との関係にも注意が払われている。東京全体のなかでの貧民窟の位置や役割にも関心が拡がるのである。

こうして貧民窟が、明と暗に対比された暗部に、表と裏と分割された裏面にたとえられ、東京の暗部や裏面として記録されるようになり、ともかくも社会の内側に所を得ることになる。一方、固有の生活世界に関する探訪者の姿勢も次第に鮮明となり、それまでの「哀れ」や「憐れ」の感情は、「惨憺」「不憫」「同情に堪えざる」とトーンを高め、さらに「遺憾」という態度表明にも結びつく。貧民窟の記録は、同情から発して、社会や読者に訴える響きを帯び始める。

三．社会内部への位置づけと社会批判

横山の下層社会論

一八九九年に刊行された横山源之助の『日本の下層社会』は、ちょうど十九世紀から二十世紀への転換期に位置している。それまでは横山自身も、しばしばペンネームで貧民窟に関する記事を残してきたが、本書は自らの氏名で公刊された。書き手の氏名によって記録の信憑性が高まる今日とは違って、十九世紀末までは氏名を明らかにして貧民窟を記録することには、なにがしかの違和感とためらいがともなったものと考えられる。二十世紀にはいると横山をはじめとして、自らの氏名で貧民窟が記録されるようになるが、その大きな理由は、貧民社会が、異質な外部としてではなく、社会の内部に位置づけられたことにある。

『日本の下層社会』は、「東京貧民の状況」に始まり、「職人社会」「手工業の現状」「機械工場の労働者」「小作人生活事情」の五篇から成り立っている。そこでは日本全体の約三分の二に該当する「中流以下」の大多数が「下層社会」と一括して論じられ、そのなかの最下層に貧民が位置づけられていた。横山にとって貧民は、下層社会ひい

ては日本社会を構成する一つの集団とみなされていたのである。このような捉え方は、それまで異質な生活世界とみなされてきた対象を、下層社会の内部でそれぞれに比較し検討することができる俎上に載せることで、貧しさめぐる議論の幅を飛躍的に拡大した。

社会批判の高まり

十九世紀末の貧民窟の記録では、その対象が異質な習俗の文脈に埋没させられており、貧民の生活を救済したり改善したりすることにほとんど無関心であった。むしろ、救済し改善する基準となる社会像が明らかではなかったともいえよう。

ところが二十世紀にはいると、貧民窟の存在が「社会問題」と位置づけられ、その窮境が不公平であると繰り返し訴えられようになる（原田道寛『貧民窟』一九〇二年）。また一九〇五年の『直言』では斎藤兼次郎が、あるはずのない悲惨さがなぜ存在するのか、なぜ悲惨な生活が生みだされるのか、それらは個人のせいではなく社会の残忍さによるのではないか、という素朴な社会批判を吐露していた。いずれにしても貧民窟の記録は、社会批判のトーンを高めながら続けられる。

こうして貧しさに関する言説は、初めてその社会的な根拠を獲得するが、一方で、文字どおりの探訪や踏査は、実施される数が減少し、実施されたとしても断片的なものになっていった。皮肉にも、社会批判の立場が強まるとともに、固有の生活世界の描出力は低下していったのである。

四．貧民窟の変容と貧民窟調査の終焉

貧民窟調査の変化

十九世紀末から「貧民窟」として描かれてきた固有の生活世界は、実態としては、木賃宿を中心として残飯屋や質屋そして各種の長屋が混在し、独自の共同性を有する渾然とした集住生活の地区にほかならなかった。この木賃宿街の集住地区は、江戸後期の伝統的な裏店の社会とも、低所得層で占められる戦後の貧困地帯とも区別される、時期的にも短期間で、地域的にも限られた地区であった。都市への流入人口の下層は、この地区独自の共同性に依存することによって、かろうじて生活していくことができたのである。

二十世紀になってからの記録は、十九世紀の貧民窟調査とはいくつかの点で異なっ

てきた。くり返しになるが、まとめておこう。

一つは、貧民窟の存在を見出し、異質な習俗を記録する姿勢から、次第に貧民窟内部の関係を体系的に記述する姿勢に変化した。

二つは、社会の外部とみなされてきた貧民窟が、社会の内部に位置づけられ、貧しさについての社会批判の文脈が形成された。

三つは、無名であった調査記録の書き手たちは、次第に自らの氏名を名乗りだした。横山源之助も例外ではなく、むしろ以上の変化の先導者であった。

それればかりではない。貧民窟の生活そのものが、実態としても大きく変わりつつあった。日露戦争前後からの都市社会の変化にさらされて、貧民窟そのものも変容することが次第に明らかになってきた。横山は、二つの世紀にまたがり二十年以上も貧民窟を記録し続けた唯一の人物であり、貧民窟の変容を見据えた稀有の観察者であった。十九世紀末と二十世紀初めとを対比して、横山の記述を振り返ってみよう。

貧民窟そのものの変容

横山は『毎日新聞』に「貧民の正月」という同じタイトルの記事を二度寄せてい

る。一八九六年の記事では、貧民窟にとって正月は「楽しからずと為す」と、都市社会と隔絶した対照的な様子が描かれていた。ところが、一九〇九年の記事では「普通人と異なることなし」「親子の情は変わりなし」と、都市社会と同じように正月を楽しむ様子が描かれる。さらに次のように述べられている。二十世紀になると、かつての「三大貧窟」が「面目を一新し、別に新部落が現われ」、そこでは「一月中の休養日は、世間と同じく、三ヶ日、七草、十五、十六と〆《しめ》て六日間は、大抵操業《しごと》をやすむ。」貧民窟のあり方が変わりつつあることが示される。

貧民窟の住み方や景観も変貌する。貧民は集住地区から分散して住むようになり、習俗と映った固有の生活世界は次第に消滅し始める。横山は新たに登場した共同長屋の生活について、それまで貧民窟の共同性に依存していた人間関係が、「赤裸々に個人主義を発揮す」るようになると指摘する。さらに一九一二年の「貧街十五年間の移動」では、「社会外」の存在であった貧民窟が、その「非常な変化」の結果、「普通の市街と何らの相違がなくなった」と言い表されることになった（以上、前掲『明治東京下層生活誌』）。

こうして貧民窟が変容あるいは解体し始め、流入人口の下層が依拠するほかなかった独自の共同性も失われていく。この結果、貧しさの捉え方も大きく変化する。貧しさは、社会が生み出した現象として、社会の内部に位置づけられる。貧しさは、対処すべき社会問題として、働きかけ改善すべき対象とされる。さらに貧しさのあり方から、社会の矛盾を明らかにし、社会批判の姿勢も生みだされる。このような貧困認識の枠組みが形成されることと、貧民窟の変容・解体とは相互に関係していたのである。

貧民窟調査の終焉

貧民窟は言説としても実態としても、近代の都市社会のダイナミズムに巻き込まれ、貧民窟調査そのものも変質し終焉を迎えることになる。異質な習俗や、固有な生活世界を記録した貧民窟調査は、どのように変質したのであろうか。その一端を見ておこう。

村上助三郎は一九一二年に相次いで『東京闇黒記』と『東京闇黒記続編』を刊行した。前者は二年前の竹内小霞と同じく、村上が乞食や車夫に変装して「闇黒」を記録したものだが、自身も「どうも趣味専門で深刻な観察を欠く点もあった」と自省している。後者は、前半部分がかつての貧民窟調査に該当するが、記録というより小説風の文体に終始し、後半部分は、ほとんど内幕の暴露話にとどまっている。調査としての記録の確かさや描出力は、明らかに低下していた。貧民窟調査の流れは変質し、終焉をむかえるのである。

同じころ、民間の手によらない初めての本格的な貧困調査が、一九一一年に内務省地方局によって細民調査として東京で実施された。ここでは調査対象である細民は、都市社会を構成する成員とみなされ、世帯を単位とした調査票によって、詳細な生活状態が把握されたうえで、集計・分析され、その結果が報告された（『細民調査統計表』一九一二年）。翌一九一二年には大阪の一部を含めて、二回目の細民調査が行われている（『細民調査統計表摘要』一九一四年）。二つの細民調査の結果は大部の統計表として残されているが、その目的は、「現時の細民生活状態を如何にして改善すべきや」という言葉に集約されていた。

その後、新たに設置された内務省社会局は、一九二一年に東京で三回目の細民調査を実施する（『細民調査統計表』一九二二年）。こうして一九二〇年代に入ると、東京市社会局や大阪市社会部に代表される地方行政によって、膨大な社会調査が実施されることになる（これらを網羅した復刻としては『日本近代都市社会調査資料集成1〜8シリーズ』近現代資料刊行会）。いうまでもなく当時の社会調査の中心的な関心は貧困であり、かつての貧民窟調査は、社会調査の力強い展開に飲みこまれ、終焉してしまう。そのことは同時に、異質な生活世界への素朴な驚きと関心が失われることを意味していた。

五．十九世紀末の社会立法と貧民窟の記録

これまで見てきた貧民窟の記録の変容は、当時の幅広い社会的文脈のなかでは、どのような意味をもっていたのであろうか。

振り返ってみると十九世紀末は、一八九七年の伝染病予防法にはじまり、翌年には海港検疫法、罹災救助基金法、行旅病人及行旅死亡人取扱法、水難救護法、北海道旧土人保護法、そして一九〇〇年には汚物掃除法、精神病者監護法や、未成年者喫煙禁止法、感化法、さらに治安警察法、行政執行法などが相次いで成立した時期にあたっている。社会的な背景としては、条約改正と内地雑居の動きや、内務省県治局から地方局への改称などが考えられるが、ここでは、次のような事情に注目したい。

これらの法律はいずれも、特定の事態や社会の周辺を問題として制度化するという共通の特徴をもっている。法律上の「救助」「救護」「監護」そして「保護」は、必ずし

も整合的に規定されていたわけではないが、当時の社会にとっての逸脱や境界を一挙に対象化し、二十世紀の社会平面を形成し確かなものにした。十九世紀末の法整備は、いわば特異性や周辺性への対処をとおして、社会の外部との関係を明らかにして、近代社会の実質的な輪郭を形づくり、その内部の同質的な理解を可能にするものであった。

貧民窟の記録の積み重ねが、貧しさを社会の内部に位置づける様子を見てきたが、じつは探訪者たちにとって社会とは何かが必ずしも明確だったわけではない。当時の法整備の動きは、貧困を位置づけるべき社会の輪郭を示し、社会の内部をおぼろげながら性格づけることで、探訪者たちに強い影響を及ぼしたと考えられる。

こうして一九一〇年代以降、貧困は社会的な関心の対象となり、同じ社会平面において議論され、やがて貧困に対処する社会行政や地域社会の組織化が図られることになる。

参考文献
中川清編・解説『明治東京下層生活誌』岩波文庫、一九九四年。
松原岩五郎『最暗黒の東京』岩波文庫、一九八八年（民友社、一八九三年）。
横山源之助『日本の下層社会』岩波文庫改版、一九八五年（教文館、一八九九年）。

◉第二章

貧困実態の変化と貧困への働きかけ

十九世紀末から一九三〇年代へ

貧困は、社会の変化に取り残された固定した状態ではない。十九世紀末から一九三〇年代にいたる貧困のあり方を振り返ると、大きく変化してきたという印象が強い。実際このあいだに、貧困世帯の生活水準は大幅に向上し、学校と無縁だった子供たちの多くは尋常小学校に通うようになる。貧困生活は、その性格を急速に変化させるのである。

この変化は、貧困に固有のものというより、むしろ一般の社会生活の変化と共通する部分が多かった。貧困は、社会生活の変化に深く関係して変わっていく。貧困実態の変化は、近代という環境への貧困の側からの生活対応でもあった。

貧困実態の変化に対応して、社会行政や地域社会の組織化が本格化するのは一九二〇年代からである。全国各地に方面委員が配置され、貧困への制度的な関与や働きかけが開始されるのである。

一．貧困概念と貧困実態との関係

貧困調査の対象規定の変遷

今日では、所得あるいは収入が貧困の基本的な尺度となっているが、いつの時代でもそうだったわけではない。前章でみたように十九世紀末の貧民窟は、目にみえる異質な集住地区であり、驚きや関心の対象ではあっても、社会が対処すべき課題とは考えられていなかった。ましてや所得によって判断される対象ではなかった。

民間の貧民窟調査に代わって、一九一〇年代から行政による貧困調査が実施されるが、そこでの貧困対象の規定が、どのように変遷するのかを振り返ってみよう。一九一一〜一二年の内務省地方局の細民調査では、まず集住、そして職業、家賃、世帯主収入という順で、調査対象は多元的に規定されていたが、まだ貧民窟踏査の影響が強く、あくまでも集住規定に重点が置かれていた。

とはいえ地方局の細民調査で注目されるのは、調査票として世帯票が用いられたことである。世帯票の使用は、細民調査の組み立てをこれまでとは全く違う次元のものとした。まず細民と規定される個々の世帯に調査票が割り当られ、調査員が訪問して調査事項に記入して回収する。そのうえで調査項目相互の単純クロスを含む集計と分析がなされ、細民の全体像が描かれるのである。目にみえる集合的な表象に着目したうえで、個別事象を記録してきた貧民窟調査とは対照的である。

貧困を世帯単位で個別的に把握する姿勢は、貧困実態の変化とも相まって、いっそう具体化される。一九二〇年の東京市社会局の細民調査では、対象が「概ね家庭的生活」を営む「定居的細民」と、「本拠不確定」な「不定居的細民」に大きく分類される。後者は、貧民窟への短期滞留者や「浮浪者」などから構成されたが、量的には限られていた。前者の「定居的細民」はさらに、「不良住宅」が集中する地区の細民と、地区の外に広がる「散在的細民」の二つに分けられるが、量的な中心は新たな「散在的細民」に移っていた。そして、多数派となった「散在的細民」であるか否かの判断は、「世帯の収入月額」のみを基準としてなされることになる。

こうして一九二〇年代半ばから、集住地区の調査は不良住宅地区調査として、「散在的細民」の調査は要保護世帯調査として、それぞれ別の系列で実施されるが、貧困調査の重点は、実施の頻度でも、政策との関係でも、明らかに要保護世帯調査の系列にシフトする。貧困を判断する視点は、それまでの集住規定から、世帯収入へと移行するのである。

やがて一九三二年の救護法施行に相前後して、要保護世帯調査が地域の全数把握を目指して繰り返し実施されることになる。そこでは、集住規定が完全に放棄され、世帯人員別の生活標準額を基準として、それぞれの地域の要保護世帯や救護法該当世帯の存在が克明に捉えられた。ちなみに、救護法下の世帯人員別生活標準は、戦後の旧生活保護法の実施に際しても援用され、現在の生活保護基準にもつながる汎用性を備えていた。

貧困政策の立ち遅れと貧困実態の変化

近代化の過程で、日本の貧困政策は明らかに立ち遅れてきた。いくつかの救貧法案の試みもすべて挫折してきた。イギリスなどの先進諸国は、産業化とともに貧困対策に腐心してきた。それに対して日本では、一八七四年の太政官通達である恤救規則から一九二九年の救護法制定まで、半世紀以上のあいだ貧困に関する法律は成立しなかった。しかも恤救規則は、やむをえない場合に限り地方官の権限で扶助してもよい、という例外措置を容認する通達にすぎなかった。したがって恤救規則による扶助人員は極めて限られており、例えば東京府の場合、一九〇九年はゼロ人を記録し、最大でも五百人台にとどまっていた。恤救規則は、都市の貧困に対しては、ほとんど機能していなかったといっても過言ではない。

このように日本の近代化において、貧困政策は著しく立ち遅れてきた。貧困が覆っていたとされる日本において、あってないような恤救体制で、なぜやってこられたのであろうか。農村のバックアップ機能、都市の生活環境の改善などの要因が考えられるが、見逃せないのは、貧困における生活対応である。貧困の実態が急速に変化してきたからである。政策介入のきっかけを失うほどの貧困実態の変化だったのかもしれない。もちろん貧困への負荷が重くのしかかっていたことは否定できない。けれども負荷を抱えながら、貧困生活の営みを着実に変えてきたことも事実であった。貧困政策の立ち遅れにもかかわらず、貧困の実態が速やかに変化してきたことは、日本の生活経験として刻印される一齣である。けれども、このことは、貧困への負荷が軽減されたことを全く意味しない。

次節からは、貧困実態の具体的な変化を、東京を中心に見ていきたい。その際、貧困の対象としては都市の最下層の約一〇%を目安にする。貧民窟調査、細民調査、要保護世帯調査の対象が、結果的にはそれぞれ約一〇%に落ち着くからである。また貧民、細民、要保護者の用語をいちいち区別せず、しばしば都市下層と一括して言い表すことがある。

二、貧民窟の生活実態 ―― 貧困概念の不在 ――

一八八〇年代から二十世紀初頭にかけての貧民窟における生活実態を考えてみよう。貧民窟に居住している人々は、限られた特殊な集団ではなかった。幕末維新によって人口が半減した東京では、新たな流入人口の下層が、荒廃した武家地や寺社地の跡にいくつもの貧民窟を形成した。貧民窟の中核に位置していた木賃宿は、一八八〇年代には約五百軒を数え、そこに住む人たちは、一日一万人以上に達していたと推測される。また、一八九〇年代の貧民窟の代表的な職業であった諸芸人、屑拾や屑買、さらに人力車夫をいれると五万人以上に上り、これに各種の行商人や露天商などを含め、関連する家族や縁者を加えると、当時の東京の人口の一〇%程度に達していた。貧民窟とその周辺に居住する人々は、限られた特殊な存在ではなく、十九世紀末の都市下層のあり方を独特の集住性において表していたものと考えられる。

人口と世帯の特徴

限られたデータではあるが、人口の自然動態と世帯人員別の世帯分布をみてみよう。貧民窟の死亡率はきわめて高く、一九二〇年以降の都市下層の死亡率の二倍以上に達していた。したがって人口の自然増加はマイナスで、貧民窟の人口は、外部から絶えず流入してこないと維持できない状態だった。

世帯人員別の世帯数の分布をみると、平均値では約三人であるが、一人世帯や二人世帯の少人数世帯が多く、一方で同居人を含む五人以上世帯にも偏りがみられ、三人と四人世帯を中心とした一山の分布ではなかった。このような人口や世帯のデータからは、当時の貧民窟では家族的な世帯が必ずしも安定して存在していなかったと推測される。家族を維持して生活を営む条件は、整っていなかったといえよう。

雑業中心の多彩な職業構成

職業というよりは生業に近い雑多な働き方が貧民窟ではみられた。乞食、屑拾や屑買、諸芸人、各種の行商人、露天商、移動職人など。例えば、諸芸人には、越後獅子、猿回し、辻音楽師、砂絵師などが、行商人には、各種の物売り、棒手振りなどが、移動職人には、飴細工屋、下駄歯直し、鋳掛け屋、羅宇屋などが見受けられ、露天商も大道芸を交えて販売することもあった。こうして成人のほとんどは何らかの形で働いていたのであるが、それは、近代の雇用労働はもとより、日雇労働ともかけ離れた、雑業中心の働き方であった。

同時に雑業中心の雑多なインフォーマル部門の拡がりが、貧民窟とその周辺に独特の活気を生み出していたことも事実であった。今日の発展途上地域の都市にみられるような喧騒と活力がもたらされていたのである。

やがて二十世紀にはいると、人力車夫や日雇人夫等の比較的収入の多い力役型が増加し始める。また、行商人、露天商、移動職人なども、臨時的な働き方から定期化し、さらに受持ち地域が固定化して、零細自営業の機会を得ることも少なくなかった。

家計の事例と世帯成員の様子

散見できる家計事例から判断すると、十九世紀末の都市下層の家計は、消費支出に占める飲食物費の割合（エンゲル係数）は七〇%を超え、飲食物費の半分以上を主食（米、残飯、雑穀など）費が占めていた。しかも当時の家計は、月単位ではなく、その日その日の単位で表わされ、家賃もほとんどが日払いであった。また貧民窟近辺の質屋の利用は、普通考えられるように困った場合の臨時的な使い方ではなく、朝に布団を入質し、夕べに稼ぎを得て質屋から請け出すというような、日常生活に組み込まれた利用法であった。

家族を維持している場合も、世帯成員のほとんどが何らかの形で働いていた。子どもたちの有業率は〇～十五歳で五〇%に達し、学校に行くものは皆無で、七、八歳以上になるとほとんど働いていたと考えられる。有配偶年齢の女性たちも、内職を含め八割程度は仕事をしており、女性や子どもを含め、文字通り働ける者は働いていたと考えられる。

住み方――集住地区の共同性への依存――

貧民窟という言葉に象徴されるように、十九世紀末の都市下層は、木賃宿を中心とした集住地区の共同性に依存することによって生活が可能であった。集住地区固有の隣保相扶、習俗ともいうべき共同性に人々は深く組み込まれて暮らしていた。集住地区には、職業を紹介する口入れ屋、日々の生活に不可欠な質屋があった。食事に事欠く場合の残飯屋、目に一丁字ないがゆえの代書屋などが渾然一体とした地区を構成していた。

木賃宿の雑居室に数世帯が雑居し、長屋の一室に複数の世帯が同居することも少なくなかった。家族が一つの独立した世帯として居を構えるという住み方がまだ確立されていなかった。一般の都市社会からすれば、貧民窟の集住性と共同性は、明らかに目に見える異質な生活世界と映った。他方、貧民窟の人々からすれば、この集住性と共同性によらなければ、その日暮らしの生活さえ維持できなかったのである。

やがて二十世紀にはいると、木賃宿の別室が分化、独立して共同長屋が形成され、さらには普通長屋へと、居住様式の中心が移っていくことになる。

「その日暮らし」と貧困概念の不在

以上のように貧民窟の生活は、旅行の延長のその日暮らし、短期滞留型の生活というのがふさわしい。少なくとも、家族を成して都市に定着することは、困難な生活状態であったといえよう。集住地区の共同性は、都市下層の生活を可能にするとともに、制約してもいたわけである。とはいえ、貧民窟は社会から隔絶した生活世界として描かれたが、その内部には、混沌とした未分化なエネルギーが満ちていたことも否定できない。

十九世紀末の都市下層は、貧民窟に居住しているか否かで判断され、目に見える存在としてはっきりと把握されていた。雑多な職業に就いているかどうかや、収入が低いかどうかなどの基準は、むしろ集住地区に住んでいる結果として理解されていた。そして、異質な世界への探訪という姿勢が示す大きな距離感覚は、記録した対象を自らの社会に同質化しようとする救貧の動きを生みだすことはなかった。そもそも、貧民窟の生活が貧困としては認識されておらず、近代の貧困概念がまだ形成されてはいなかったのである。

三 近代の生活規範の浸透 —— 集住地区からの独立 ——

二十世紀とりわけ一九二〇年代にはいると、都市下層の生活は大きく変化する。結論を先取りしていえば、都市下層の生活の営みにも近代の生活規範が急速に浸透していくことになる。とくに家族の形態や労働の規律に関しては、貧しいがゆえに近代規範を急速かつ過剰に受け入れていくのである。これらの事情を具体的にみてみよう。

家族的世帯の形成

東京における都市下層の人口の自然増加率は、一九二〇年代には明らかなプラスに転じ、一九三〇年代には一〇パーミルを超えて当時の東京市全体の水準とほぼ等しくなる。普通出生率が普通死亡率より高く、自然増加率がプラスの状態は近代都市の特徴であったが、都市下層においても、この近代の自然動態が実現されるのである。

都市下層の平均世帯人員は、一九一一～一二年には三・五人となり、一九二〇年以降はおおむね四人か四人台前半で推移する。世帯人員の分布も三、四人世帯が中心の一山分布を描くようになり、血縁関係のない同居人もほとんど皆無となる。さらに都市下層家族の婚姻関係は、一九一一～一二年には内縁がなお四〇%以上を占めていたが、一九三〇年代になると一〇%以下に低下し、ほとんどが法律婚で占められるようになる。

これらの人口や世帯のデータからは、都市下層が四人程度の家族的な世帯を形成し、

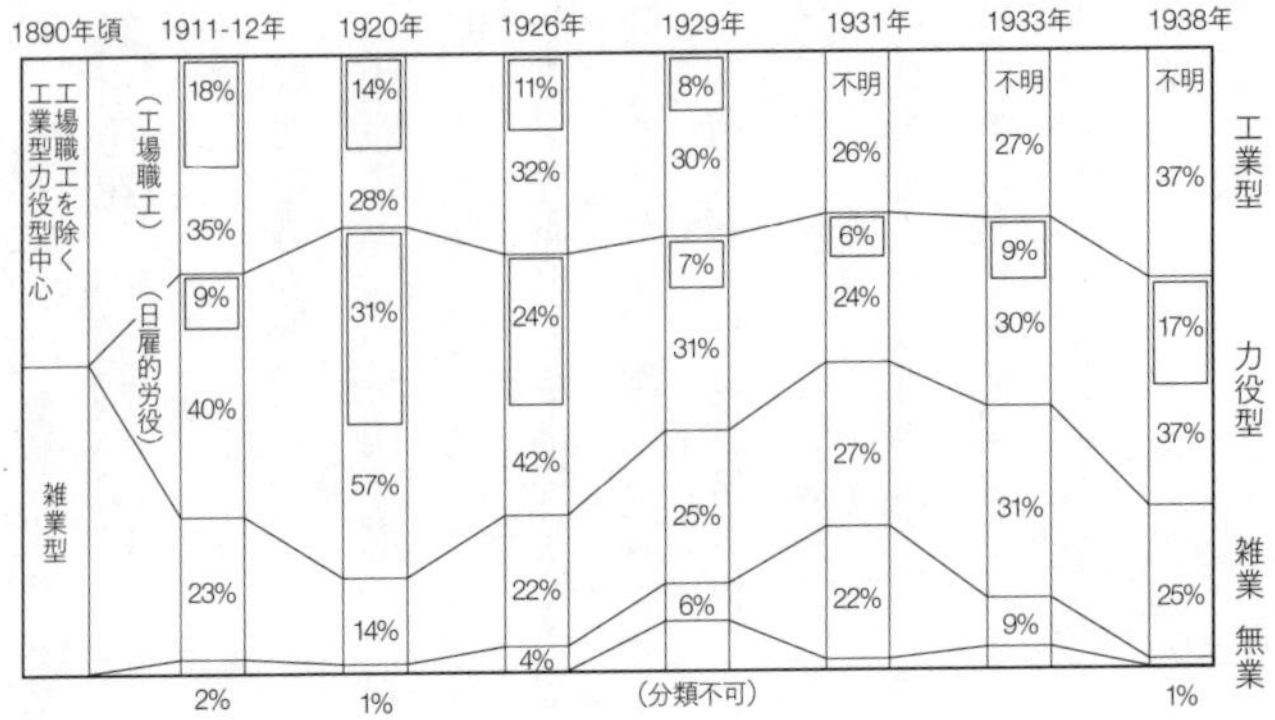

図表2-1　都市下層世帯主の職業類型の変動
（出典）中川清『日本都市の生活変動』勁草書房、2000年。

維持していたことが確認できよう。

職業構成の変動と近代の生活規範

図表２－１は、都市下層の世帯主の職業構成の変動を示している。一見して、世帯主の職業がその構成を変化させてきたことは明らかである。それぞれの時期の特徴的な職業を簡単にみておこう。二十世紀初頭には、力役型の人力車夫が増加し、東京全体で約五万人のピークに達した。一九一一～一二年には、工業型の工場職工の割合がピークとなり、職工の一部と都市下層とが重なっていたが、その後は、工場職工が都市下層から上昇分離して、その割合は着実に低下する。

一九二〇年代前半には、都市の基盤整備や

公共事業の展開ともあいまって、力役型の日雇労働が一気に増加する。人力車夫、工場職工、日雇労働の一連の増加は、それまでの雑業型中心の都市下層の収入水準を大幅に上昇させ、都市下層の生活構造の形成にも寄与する。昭和恐慌期の一九三一年には、それまで皆無であった無業型がピークとなり、都市下層は初めて失業を経験する。工場職工、日雇労働そして失業の経験は、都市下層にも、雇われて働く近代の労働規律を次第に浸透させた。その後は雑業型の増加を経て、戦時好況とともに再び工業型と日雇的力役型が増加していくことになる。

世帯主以外の家族の働き方はどう変化したのだろうか。結論的にいえば、有配偶女性と子どもの有業率は急速に低下する。ほとんどが働いていた有配偶女性は、一九三〇年代には約三分の一しか働かなくなる。子どもの有業率の低下も顕著で、一九二〇年以降は一〇%台前半で推移する。反対に十九世紀末には皆無であった子供の就学率は、一九三〇年代には九〇%に上がり、特殊小学校や尋常夜学校を含めると実に九八%に達した。この時期には法律婚が浸透したが、都市下層の家族は、学校制度でも、婚姻関係でも、近代の社会関係の内部に組み込まれていく。

以上のような生活の変化は、都市下層家族の内部への近代の生活規範の浸透を示唆している。男性世帯主は、家計を支えるために労働規律を内面化し、有配偶女性の活動は、家計補助の労働から、家事や子どもの世話へと限定されてきた。子どものあり方も、保護され教育される子ども像へと変化してきた。男性世帯主の稼ぎを軸に家族の規範が整序されるモデルは、今日では男性稼ぎ手家族と呼ばれるが、このような生活規範が、都市下層においても浸透していったのである。

生活構造の形成と構造抵抗 ── 教護法の施行 ──

一九二〇年代からの都市下層の家計をみてみよう。十九世紀末にエンゲル係数が七〇%に達していた都市下層の家計は、一九二〇年代後半からは、実質消費水準が約二倍に上昇し、エンゲル係数も五〇%台に低下した。そのため雑費や住居費の割合が大きくなり、雑費の内訳には、養育費や教育費はもちろん、教養娯楽費も一定の位置を占め、下層家族が新聞や雑誌などのメディアと接する機会も多くなる。こうして都市下層は一九二〇年代後半には、家族として定着できる生活構造を形成したものと考えられる。

図表2-2は、かつての不良住宅地区に改善事業として建てられた共同住宅の居住者の家計を、約十年にわたって示したものである。昭和恐慌の影響を受けて、一九三

年次	消費支出額（円）		消費支出の構成（%）		
	当年価格	実質価格	食料費	住居費	その他
1930	49	47	56	12	32
1931～34	37	39	50	16	34
1936～39	51	45	59	14	27
1940	84	56	53	9	38

図表2-2　都市下層の家計支出：1930～40年
（出典）中川清『日本都市の生活変動』勁草書房、2000年。

一年から三四年にかけて、都市下層の実質消費水準は二割程度低下するが、エンゲル係数は上昇することなく逆に低下している。エンゲル法則の逆転といわれるこの現象は、都市下層がすでに形成していた生活構造を固守しようとして、住居費やその他の支出を維持したために引き起こされた。この現象は、次章でみるように労働者や新中間層にも認められたが、都市下層も、生活水準の低下に対して、それまでの生活枠組を維持しようとする構造抵抗を経験したのである。

なお、救護法が施行されるのは一九三二年であったが、都市下層の家計が構造抵抗を引き起こしている時期と重なっていたことにも注目したい。都市下層がすでに形成した生活を維持する困難に直面することがきっかけとなって、日本の貧困政策が本格化したからである。逆にいえば貧困政策は、都市下層の生活形成に寄与することが少なかったのである。

集住地区からの独立――住居様式の変化――

都市下層は家族として定着できる生活構造を形成し、貧民窟の共同性に依存することなく、かつての集住地区から分散して、次第に個別的な生活を営むようになる。このため都市下層の典型的な住居様式も、図表2-3に示すように、貧民窟の木賃宿から変化をとげる。まず二十世紀に入るころから、木賃宿の内部にあった別室群が独立し、共同長屋を形成する。この時期の共同長屋は、内部の通路が土間であった。

その後、一間三畳を中心とする棟割長屋も並存したが、一九二〇年前後からは、共同長屋の通路が外の道路として独立した九尺二間の普通長屋が、都市下層の一般的な住居様式となる。代表的な長屋の情景であるが、炊事場は通路側に面しており、生活行動の多くは長屋の共同空間で営まれていた。

一九三〇年代以降になると、都市下層においても長屋様式が後退し、数戸建ての借家、典型的には二戸建ての借家が増えてくる。二戸建て借家では、炊事場や便所が奥に入り、道路との間に玄関と二畳の部屋をクッションとして配置して、内部に六畳の

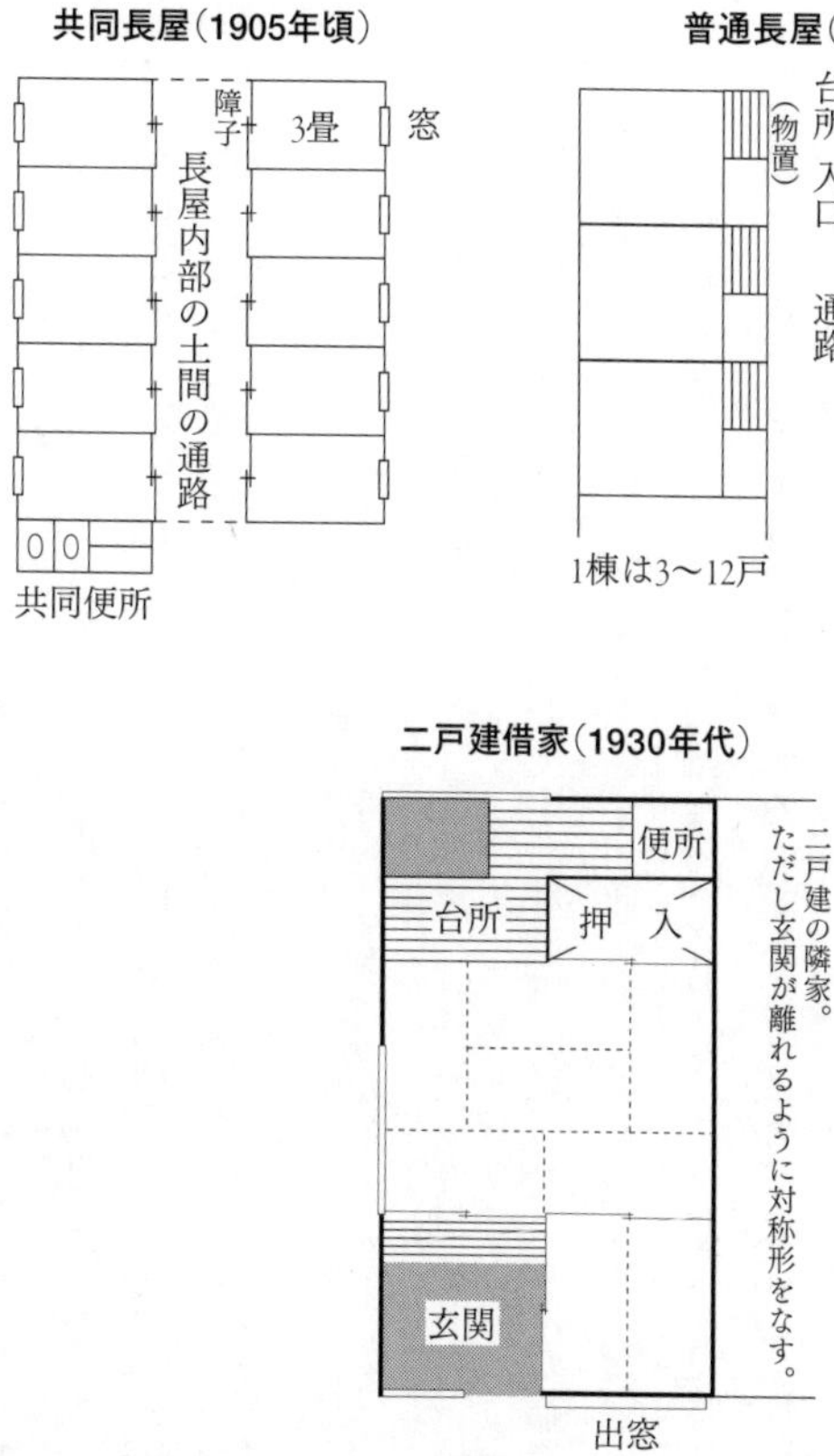

図表2-3　都市下層の典型的な住居様式の変遷
（出典）中川清『日本都市の生活変動』勁草書房、2000年。

いわば私的空間をつくりだした。家屋に沿って配置される草花や植木も、公の道路とのクッションとして機能しており、炊事道具などがはみ出していたかつての長屋の情景とは意味が異なっていた。このような生活空間の出現は、下層家族がそれぞれ独立した生活を営み、一家団欒を享受していたことを想像させてくれる。

四　貧困実態の把握と貧困への働きかけ

貧困基準の成立と社会行政の組織化

都市下層は、集住地区から分散して生活を個別的に営むようになるとともに、都市社会の内部に散在して組み込まれていく。散在して見えなくなった都市下層は、収入の多少という基準のみで捉えられねばならなくなる。こうして、世帯人員別の生活標準額という一義的な貧困概念が成立するのである。この概念は「一般社会生活上必要」とされる基準に準拠しており（中央社会事業協会『救護法の説明』一九三一年）、貧困は、一般社会生活との比較において不足や欠如の状態にあると認識されることになる。都市下層は、救護を必要とするとともに、救護が可能な政策対象として設定され、その生活に対して直接働きかける社会的な根拠が確保される。

一九二〇年代に入ると、都市下層の実態変化への組織的な対応が始められる。都市社会に散在する貧困を、あらかじめ把握する必要に迫られたからである。二〇年代初めには、大都市の社会行政を担う組織として、東京市社会局、大阪市社会部、京都市社会課などがあいついで設置され、貧困問題を中心とした大規模な社会調査が繰り返し実施された。東京の場合、社会局の下に保護課が組織され、区域の方面事務所を統括していた。方面事務所には現場を担当する方面委員が補助機関として配置された。方面委員は、担当地域の貧困を具体的に把握し、その生活にも関与していった。方面委員の活動は、地域の現場と社会行政とを橋渡しして、救護法の施行を可能にしたのである。こうした組織化は、全国レベルで展開されることになる。

貧困生活の営みへの働きかけ——方面委員の活動——

まず方面委員に期待されていた役割を見てみよう。一九二〇年の東京市方面委員職務規程によれば、「一般生活状態ノ調査」にはじまり、「戸籍、学事其他諸届ノ整理及助成」、「老幼者被虐待者ノ保護」、「困窮者ノ保護又ハ救済」、「風紀ノ指導改善」など、地域生活に密着した役割が列挙されていた。

方面委員の活動は、担当地域の貧困状態の把握、要保護者や社会的弱者の援助、さらには就学援助、地域環境の改善など、広範囲に及んでいる。注目されるのは、これらの活動によって、個々の貧困世帯の情報が積み重ねられ、生活内部の細かな情報まで整理されたことである。方面委員の膨大なケース記録は、さまざまな取扱実例集として刊行されている。この中には、貧困世帯の個別生活史を詳細に描いた記述も散見される。

いずれにしても方面委員が、貧困の全数把握を目指し、貧困の原因を探り、貧困への援助方法を模索する限り、方面委員の活動は、貧困生活の内部を捉え、その営みに関与し働きかけるものとならざるをえない。貧困に関するケースワークが開始されるのである。

今日からみると、方面委員の援助活動に限っても、社会資源の不足を補うかのような方面委員の過剰な関与や強い精神性などの問題が指摘されねばならない。戦後になると、福祉事務所と社会福祉主事（ケースワーカー）が制度化され、方面委員を廃止して、ボランタリーな協力機関として新たに民生委員が設置されることになる。

このような限界はあるものの、貧困実態の変化に対応して、個別的な貧困生活の営みに関与し、働きかける社会行政や地域社会の組織化が進展したことは確かである。ここに貧困問題に対処する近代の制度的、社会的枠組みの原型を見出すことができるのではないだろうか。

参考文献

社会福祉調査研究会編『戦前日本社会事業調査資料集成　貧困1〜3』勁草書房、一九八六〜八九年。
中川清『日本の都市下層』勁草書房、一九八五年。

◉第三章

生活構造の緊張・形成・抵抗

二十世紀前半の過剰な生活対応

近代化を中心的に担ったのは、雇われて働く労働者である。ここでは、新たに登場する工場労働者や新中間層が、世帯を構えて都市に定着して、どのような生活を営むのかを考えたい。

工場労働者などの家計データを検討すると、二十世紀前半の多くの期間、生活の営みが構造的な不安定さをともなっていたことが見出せる。十九世紀末からの緊張や無理、一九二〇年代の急速な構造形成と束の間の維持、一九三〇年代からの構造抵抗と戦争による崩壊状態に示されるように、近代の環境への過剰な生活対応ともいうべき経験の連続だったからである。

分析方法としてはエンゲル法則が妥当しない事実とその理解をとおして、雇用労働者の生活が構造的な不安定性を帯びていたことを明らかにする。当時の都市生活に関する言説が「モダン生活」に注目しながらも、貧しさに言及しなければならなかったのは、この不安定性によるところが大きい。また家族生活というミクロの経験が、マクロの社会的な文脈とどのように関係するのかにも言及したい。

一．都市における家族形成と雇用労働者の生活

都市人口と再生産――生きられる都市空間――

二十世紀の前半は、都市人口が大幅に増加し、しかも都市への流入者が人口の再生産を開始する時期にあたっている。

一八八〇年から一九四〇年まで、日本の農家人口は約三千万から三千二百万人の水準で推移するが、総人口は三千六百万から七千二百万人へと二倍に増加している。人口倍増分の大半は、都市人口の著しい増加によってもたらされたのである。

都市人口の増加は、当初はその多くが年平均で約四十万人ともいわれる農村から都市への流入人口によってもたらされた。近代における人口増加は、流入者たちが生き残り、やがて都市で新たな家族を形成することでもたらされた。江戸後期の人口停滞が農家を後継できない者たちへの何らかの制約によるものとすれば、小農直系家族に

よる人口の制約から解放される見通しは、流入者が都市生活の困難に立ち向かい、家族形成に向かうことを鼓舞したものと考えられる。

もちろん家族形成の動きは順調に展開したわけではない。横山源之助は二十世紀直前の都市下層の家族について、単身者の「気楽」さと対比して、「痩世帯」の苦しさを、夫婦「衝突して罪なき子供にあた」らざるをえない家族の「修羅場」を指摘していた。時には死亡数が出生数を上回り、離婚数が婚姻数の半数に達するような十九世紀末の東京全体の人口動態は、都市下層以外の流入者も、家族を形成し維持することが容易ではなかったことをうかがわせる。

二十世紀に入ると人口動態の数値も改善され、第一次世界大戦後になると都市の生活環境が急速に整備されていく。こうして都市下層はもとより、多くの流入者たちは、都市に定着して、新たな家族を形成し、やがて子どもを産んで再生産を開始する。東京市は一九三五年の国勢調査に際して付帯調査を実施し、東京の人口を東京生まれの原住者と、流入した来住者に分類して年齢別に集計している。それによれば、原住者の年齢別人口構成は、極端な末広がりの形状で、一九〇〇年生まれから増加し始め、一九二〇年生まれからは増加の規模を一段と拡大して、一九三五年時点の十歳未満の原住者数は、十五～二十四歳の来住者数に肩を並べている。限られた資料にとどまるが、二十世紀に入ると都市家族による人口の再生産が開始され、二〇年代からはその規模が拡大したことが確認できる。

雇用労働者の登場 —— 工場労働者と新中間層 ——

二十世紀前半には、都市における家族の形成と展開が大きな流れとして形づくられていた。この流れの中心に位置したのが新たに登場した雇用労働者である。

都市での働き方には、大別すると自営業と雇用労働がある。一九〇八年に実施された東京市市勢調査によると、自営業層がなお東京の大半を占めていたが、一九二〇年の国勢調査では両者がほぼ拮抗する。そして一九二五年からは雇用労働の比重が大きくなっていく（後の新市域を含む数値）。雇用労働者は都市の近代化を担っていくのである。

一九三二年に東京市は、それまでの旧市域（山手線の内側にほぼ該当）に加えて、周辺町村を新市域（旧市域以外の現東京都区部にほぼ該当）として編成する。関東大震災の影響で、旧市域の人口は頭打ちになるが、新市域の人口は増加し続けて、一九四〇年には旧市域の二倍を上回る。東京の郊外といわれた新市域は、雇用労働者を軸とした生活の場となる。
ところで近代という環境は、従来の自営業から、雇われて働く雇用労働への生き方の変更をともなうものであった。農業自営の世界からすれば、求められる知識、動作、時間感覚、働く規律など広範な生活領域において、近代はまったく新たな環境であった。おそらく最初に経験した変更は、伝来の知識に代わる、学校教育による客観的な知識の受容であろう。また初期労働者は、雇われて働くことに屈辱感さえ覚えていたふしがあるが、一九二〇年ころの熟練労働者は、自らの地位に安堵感を表明している。雇用労働者は、近代の環境への対応を最も鋭敏に体現しているのである。

新たな生き方を身につけて都市生活を営んでいた雇用労働者には、工場労働者と新中間層の二つの階層が含まれる。工場労働者は、時期によって職工、工員、常用労務者、ブルーカラーなどと呼ばれてきた。一方の新中間層は、給料生活者、職員、ホワイトカラーなどといわれてきた。雇用労働者の生活は、働いて得た賃金で商品を購入し、それを世帯で消費することで繰り返される。この過程が費用として表されることで、家計の収支や支出の内訳を比較・分析することが可能となる。ここでは、工場労働者を中心に、新中間層をまじえて、雇用労働者の家計データを分析する。

二、家計調査とエンゲル法則

E・エンゲルの当初の関心は、ヨーロッパ地域の国民福祉の比較にあり、十九世紀中頃の家計データを分析して、支出総額に占める食料費の割合が低いほど生活水準が高く、国民福祉は増大しているという経験的な事実を見出した。エンゲル以後、価格体系や生活習慣が異なる国際比較から離れて、むしろ一国内の検証が重ねられ、その経験法則の妥当性が確認されてきた。

今日ではエンゲル法則は、世帯所得が高くなればなるほど、消費支出に占める食料費の割合（エンゲル係数）が低下する、と定式化されている。なおエンゲルのいう支出総額は今日の実支出にあたるが、実支出から税金や社会保険料などの非消費支出を除いたものが、消費支出である。ちなみに戦前の日本では、非消費支出の額はきわめて限られていた。

エンゲルは、食料費を「合理的な肉体維持のため」の費用としており、家計の支出はまず肉体的な生存の維持から始められる、という生活欲求の合理的な優先順位を前提としていた（E・エンゲル『ベルギー労働者家族の生活費 統計学古典選集第五巻』第一出版、一九六八年）。このような食料費の動きを手掛かりにすることは、戦前の日本のように雇用労働者のエンゲル係数が三〇％台から五〇％台にも達する家計にとっては、有効な方法であると考えられる。

日本の生活研究では、国内の生活習慣が均質な社会階層を対象として、エンゲル法則を用いた精緻な分析がなされてきた。近代化に関していえば、均質な社会集団の時系列的な比較である。例えば工場労働者という階層で、時系列的に所得水準が上がれば、そのエンゲル係数は低下する。逆もまた成り立つ。もう一つは、同一時点での異なる社会集団の比較である。ある時点で、新中間層の方が工場労働者よりも所得水準が高ければ、前者のエンゲル係数は後者のそれより低くなる。それぞれの集団全体の平均値でみると妥当するが、所得階級別に重ねてみると違った景色が見えることもある。この点は第六章で取り上げる。

ここでは、二十世紀前半の工場労働者の家計データを時系列的に整理し、エンゲル法則が妥当するかどうかを検証する。もし妥当しないとすれば、その意味を工場労働者の生活経験にそくして考えてみたい。エンゲルの前提に反して、この時期の生活変動は、欲求の合理的な配分原理によって順調に歩んできたわけではなかったからである。

なお当時の家計調査の支出費目の分類について補足しておきたい。すでにみたように食料費の割合が高かったために、ほとんどの家計調査では、食料費、住居費、光熱費、被服費そして雑費の五大費目に分類されていた。本章では、当時の分類を使う。ちなみに今日の家計調査では、雑費などを細分して十大費目に分類されている。

三．近代の環境への対応過程――エンゲル法則の揺らぎ――

日本において雇用労働者の家計調査が現れるのは十九世紀末からであるが、一九二〇年前後になると「家計調査狂時代」といわれるように、数多くの家計調査が実施された。それらの家計データを収集・整理して、この時期の目まぐるしい生活変動を分析したい。雇用労働者の生活は、従来の生活の仕方を変更し、近代の新たな環境に対応することでもあったが、生活の変更と環境への対応は、必ずしも十分な社会的条件の下で行われたわけではなかった。

内閣統計局の第一次家計調査が実施される一九二六～二七年までの工場労働者の家計を、東京を中心に整理したのが図表3-1である。当時の家計調査は今日のような

年次	消費支出額（円）		消費支出の構成（%）				
	当年価格	実質価格	食料費	住居費	光熱費	被服費	雑費
1898	19	41	63	13		24	
1910	22	38	56	17	9	8	10
1916	26	42	44	18	7	8	23
1918	42	41	57	18	7	8	10
1919（前半）	60	45	57	10	6	10	17
1919（後半）	70	52	50	10	6	10	24
1920（前半）	90	64	50	9	6	14	21
1920（後半）	100	72	43	9	5	16	27
1921	110	86	37	14	6	14	29
1926～27	108	87	37	18	5	12	28

図表3-1　工場労働者の家計支出：1898～1927年
（出典）中川清『日本都市の生活変動』勁草書房、2000年。

体系的で精緻なものではなく、残された断片的なデータにとどまっていることを断っておきたい。それでも、この時系列的な家計データは、近代という環境への興味深い生活対応を示してくれる。なお、実質価格は一九三四～三六年の三ヵ年移動平均値で実質化した価格であり、また表示した年次の平均世帯人員は三・九～四・四人の間に収まっている。

緊張と無理をともなう生活対応

一八九八年から一九一六年までの工場労働者家計の動きをみると、その実質消費水準にはほとんど変化がないにもかかわらず、食料費の割合が六〇％台から四〇%台へと低下している。高野岩三郎（当時東京帝国大学教授）が実施した一九一六年の調査は、友愛会会員の二十職工世帯を対象としていたため、雑費割合が大きくなっているが、この間の趨勢を理解することはできよう。

エンゲル法則によれば、均質な集団の生活水準がほぼ同じであれば、エンゲル係数もそれほど変化しないはずである。考えられるとすれば相対価格の変化であるが、この間、米を含む食料費の相対価格には顕著な低下は見られない。したがって、このデータからは生活水準が向上しないにもかかわらず、食料費の割合が低下傾向にあったことが認められよう。工場労働者は、食料費を実質的に圧縮する緊張と無理をともなって、近代の環境に過剰に対応しようとしていたのである。表示はしなかったが、過剰な対応は、工場労働者にとどまらず、新中間層の家計にも十九世紀末から一九一〇年代半ばにかけて同じように見出された。

食料費割合の低下分は住居費と雑費、とりわけ養育と教育費、保健衛生費、交際費に回されており、新たな社会階層は、生活条件がなお不十分な状況において、子供を産み育てるという生活周期上の必要に加えて、階層として都市に定着する社会的な出費を迫られていたのである。あえて食料費を圧縮して、構造的な緊張を引き受けながら、新たな都市生活が始められていたともいえよう。近代の環境への生活対応は、社会的条件の整備にともなって達成されるのではなく、不十分な条件における過剰な対応として、構造的な緊張や無理をかかえながら進められたのである。

つづく一九一八年の労働者家計は、米騒動が都市に拡大した八月の事例にとどまるが、実質消費水準に変化がないものの、米価が高騰したために、圧縮してきた食料費割合が上昇して、それまでの過剰な生活対応が、以前の状態に後退させられるような生活状況を表している。ミクロの生活現場からは、この後退への反発が、一九一八年の米騒動の引き金になったと考えられないだろうか。

生活構造の形成

一九二〇年前後の短期間に雇用労働者の生活構造が形成される様子を、図表3-1の工場労働者と、表示はしなかったが新中間層の家計の動きによってみてみよう。一九一九年から二一年にかけて、両者の消費水準は実質約二倍に上昇して、エンゲル法則どおり食料費割合もそれぞれ三七%、三一%に低下する。また住居費の相対価格の低下もあって、両者の雑費は三〇%前後を占めるようになる。一九二一年に形づくられた生活水準と構造は、一九二六〜二七年のデータが示すように、その後一九二〇年代から三〇年代初めにかけて、工場労働者と新中間層それぞれの典型的な家計として維持される。ちなみに高度成長期前半における勤労者世帯の家計構造も、両者の平均像と近似していた。

いずれにしても一九二〇年代初頭には、生活水準の顕著な上昇にともなって、消費構造も高度化し、工場労働者と新中間層の生活構造が速やかに形成された。三年という短期間で構造形成が可能となったのは、さきにみた過剰対応の経験を抜きには考えられない。都市下層も一九二〇年代後半には家族生活を整えていたことは、前章でみた。こうして新たな社会階層の家族生活がほとんど同時に、しかも類似した変化を経験して、都市における大きな流れとして定着したのである。

生活構造の抵抗

一九三〇年代初頭をピークとして実質賃金指数が低下し始めるが、内閣統計局の第二次家計調査を用いて、当時の家計の動きが中鉢正美によって分析されている。工場労働者の実質収入が低下するのは一九三三年からであるが、エンゲル係数が上昇するのは一年後の三五年からであり、同じく新中間層の場合は、一九三四年からの低下、三六年からの上昇となっている。両者の家計では少なくとも一年間はエンゲル係数が維持され、すでに形成された生活構造を固守しようとする構造抵抗が認められた（中鉢正美『現代日本の生活体系』ミネルヴァ書房、一九七五年）。

構造抵抗は所得が低いほど顕著であった。実際、前章の図表2-2に示した都市下層の家計は、実質収入の低下も大きく、法則に反したエンゲル係数の低下も顕著である。都市下層の場合、生活水準の低下に対する構造抵抗は四年間にも及んだのである。その後、戦時好況までの四年間は実質収入が回復することなく、都市下層のエンゲル係数は五九％の高い値で推移することになる。

一九三七年の日中戦争からは戦時体制が本格化して、労働力の動員、物資の配給制が実施され、生活は大きな混乱に直面した。国民栄養量の低下に始まり、太平洋戦争の末期には数多くの死を経験した。福祉施設での死亡数の増加、福祉施設の数自体の減少も指摘されている。人々の生活は崩壊状態にあった。

戦後も生活の崩壊と混乱は続いた。活況を呈する「闇市」の一方で、餓死者の出現。着物などのストックを食べ物に交換して生きのびる「タケノコ生活」。戦後すぐの都

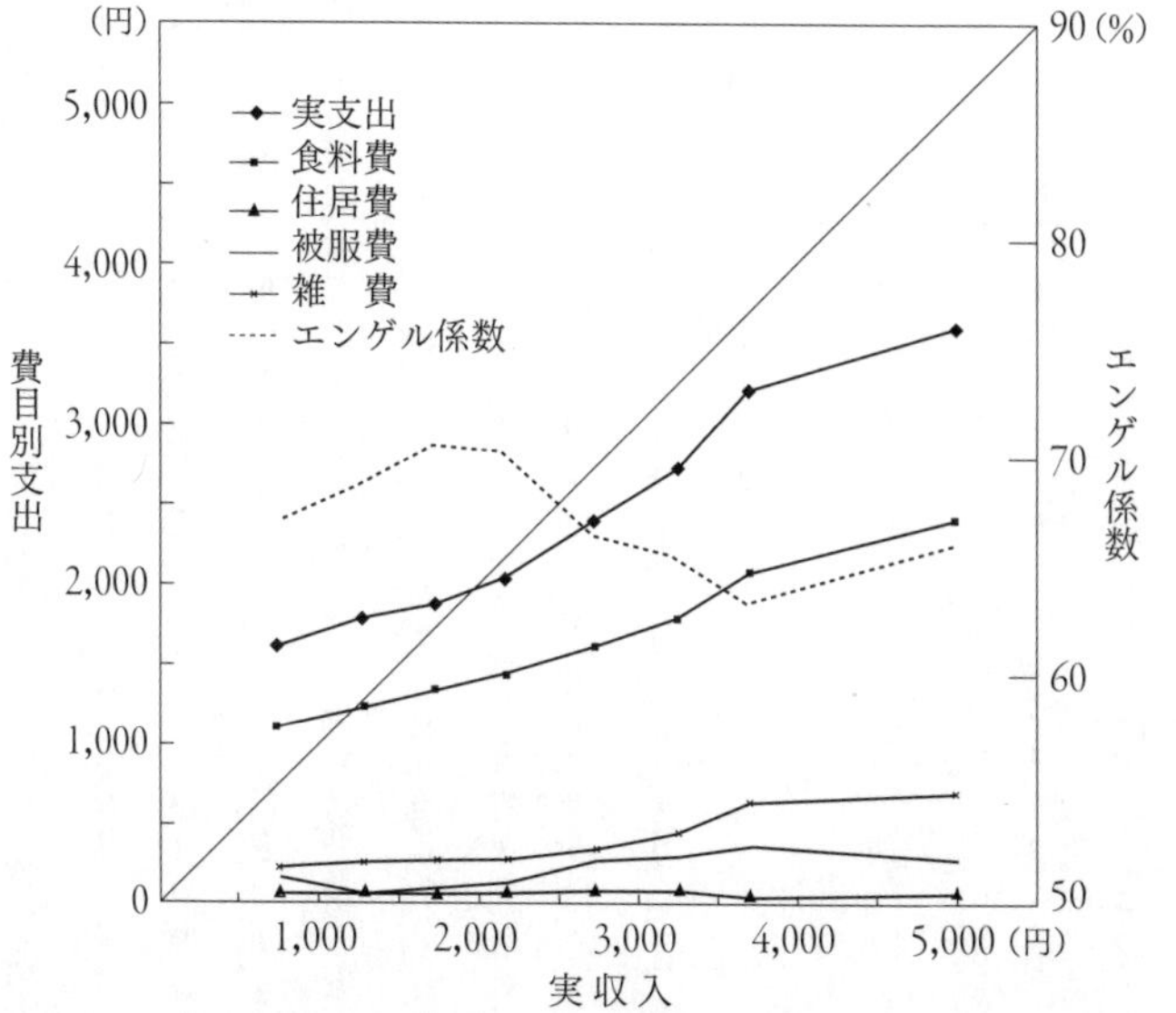

図表3-2　工場労働者の費目別支出とエンゲル係数：1947年2月

（出典）物価庁『都市家計調査』、ただし篭山京『篭山京著作集　第2巻　最低生活費研究』ドメス出版、1982年より作成。（備考）ここでのエンゲル係数は、食料費／実支出×100の数値である。

市状況の一端である。戦中、戦後のこれらの出来事は、忘れられてはならない日本の生活経験である。

戦後直後は崩壊からの回復過程で、時系列には抵抗現象はみられない。構造抵抗は、むしろ同一時点の均質な社会集団において、実収入が低い部分でのエンゲル法則の逆転として現れる。図表3-2は一九四七年の労働者について、実収入別に費目別支出とエンゲル係数を示している。食料費中心の苦しい状態がうかがえるが、エンゲル係数をみると、実収入二千円未満をピークに、低い収入の部分では逆に低下している。同年三月の職員の場合でも、図示しないが同じ動きが認められる。それぞれの社会階層の低所得の部分でエンゲル係数が低下する抵抗現象が、一九五〇年代初頭まで散見されたのである（篭山京『篭山京著作集第二巻　最低生活費研究』ドメス出版、一九八二年）。

戦前に身につけた生活の習慣や構造を保持しようとする対応が、戦後の混乱に際して、社会階層を横断して低所得層に集中的に現れ、構造抵抗が引き起こされたと考えられる。したがって戦争による崩壊状態をはさんで、一九三〇年代から四〇年代にかけては、ひとたび形成された生活構造を固守あるいは保持しようとする生活対応が、構造抵抗として現れた時期に当たっている。

以上のように、二十世紀前半の雇用労働者の生活は、一九一〇年代にかけての緊張と無理をともなう過程、一九三〇年代からの構造抵抗と、一九二〇年代の急速な構造形成と維持の時期を除けば、エンゲル法則が正常に機能する時期は限られていた。雇用労働者の生活は、構造的な不安定性を抱えて営まれていたといっても過言ではない。

近代という環境への生活対応は、十分ではない社会的条件のもとで、緊張や抵抗をともなう過剰な対応として展開されたのである。

四. 雇用労働者の家族生活と性別役割分業

新たな都市生活は不安定性を抱えながらも展開されてきた。では雇用労働者の家族生活は、どのような性別役割分業で営まれていたのであろうか。男性世帯主による家計支持率と有配偶女性の就業率を手がかりに考えてみたい。

男性世帯主収入では実支出が支えられなかった

男性稼ぎ手家族の安定した条件を、世帯主収入で家計の実支出をまかなえるか否か、すなわち世帯主収入を実支出で割った値が一以上か否かに求めるならば、一九二〇年前後に改善が認められるものの、二十世紀前半をとおして一に満たない状態が続いたと考えられる。一九二六〜二七年の第一次内閣家計調査によれば、新中間層と工場労働者の家計支持率は、それぞれ〇・八八と〇・九三で、一九六〇年前後の数値にとどまっており、この値は一九三〇年代に入っても大きく変化しなかったと推測される。

ところが一九三一年からの第二次内閣家計調査では、調査対象が「世帯主ノ勤労所得ヲ主タル収入トスル世帯」に絞られたため、この値が一を上回る。第二次調査では、実収入に占める世帯主収入の割合が九〇％近くに達しており、世帯主収入割合が戦前八〇％前後、戦後八三％前後という日本の家計調査の常識からも逸脱している。したがって二十世紀前半においては、世帯主収入では実支出をまかなえず、男性稼ぎ手家族としての条件は整っていなかったと考えるのが妥当であろう。

有配偶女性の低就業状態——極端な性別役割分業——

では、男性稼ぎ手の不十分な実収入を、有配偶女性の多就業で補っていたのであろうか。答えは否である。二十世紀前半の都市部では、女性の就業率は非常に低い水準で推移していた。図表3-3は、都市部として東京都と大阪府を、農村部として山形県と山梨県を取り上げて、二十世紀における女性の就業率の推移を示したものである。ここでの議論は、雇用労働者の家族であるため都市部の動きに注目する。まず東京都と大阪府の女性の就業率が、一九二〇年から五〇年にかけて三〇％台の低い水準で推移していたことが注目される。都市部の就業率が最も低下した一九三〇年の女性の年

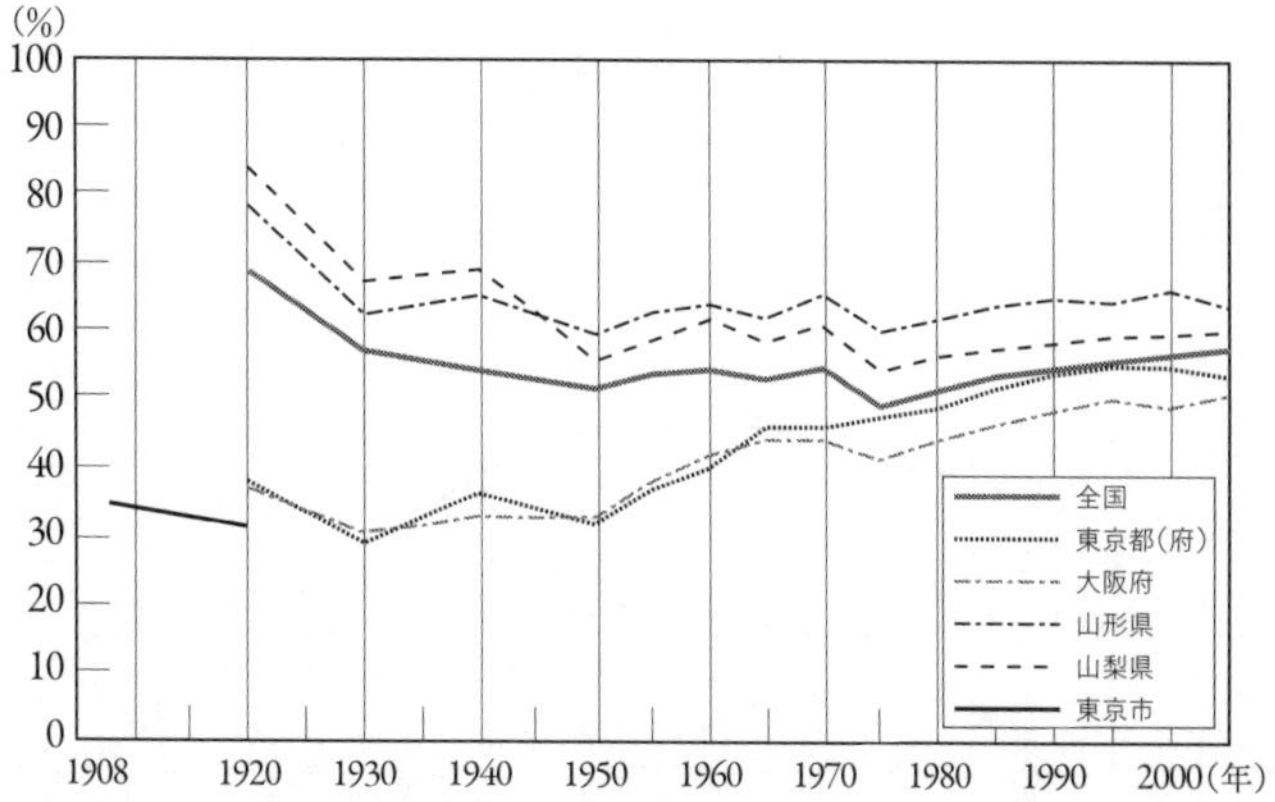

図表3-3 女性の就業率の推移：1908〜2005年

（出典）各年の『国勢調査報告』ならびに東京市役所『東京市市勢調査原表　第三巻』1911年より作成。（備考）原則として15〜64歳の女性人口に対する就業率。ただし1908年、1920年は15〜59歳、1950年は14〜59歳。1908年と1920年は家事使用人（「僕婢」）と「本業なき副業者」を含む。1930年の全国値は「本業なき副業者」を含む。

齢別有業率を示したのが図表3-4である。東京府の女性の年齢別有業パターンは、若年層だけが高いいわばL字型を描いている。有配偶年齢層では、副業（内職など）を含めても三〇%以下で、副業を除くと二〇%前後と、極めて低い有業率にとどまり、男性世帯主層と際立った対照を示している。この事情は大阪府でもほとんど変わらない。

要するに、当時の都市部のとりわけ雇用労働者世帯の有配偶女性たちは、歴史的にも特異な低就業状態を、すなわち極端な性別役割分業を経験していたのである。この事情は、都市

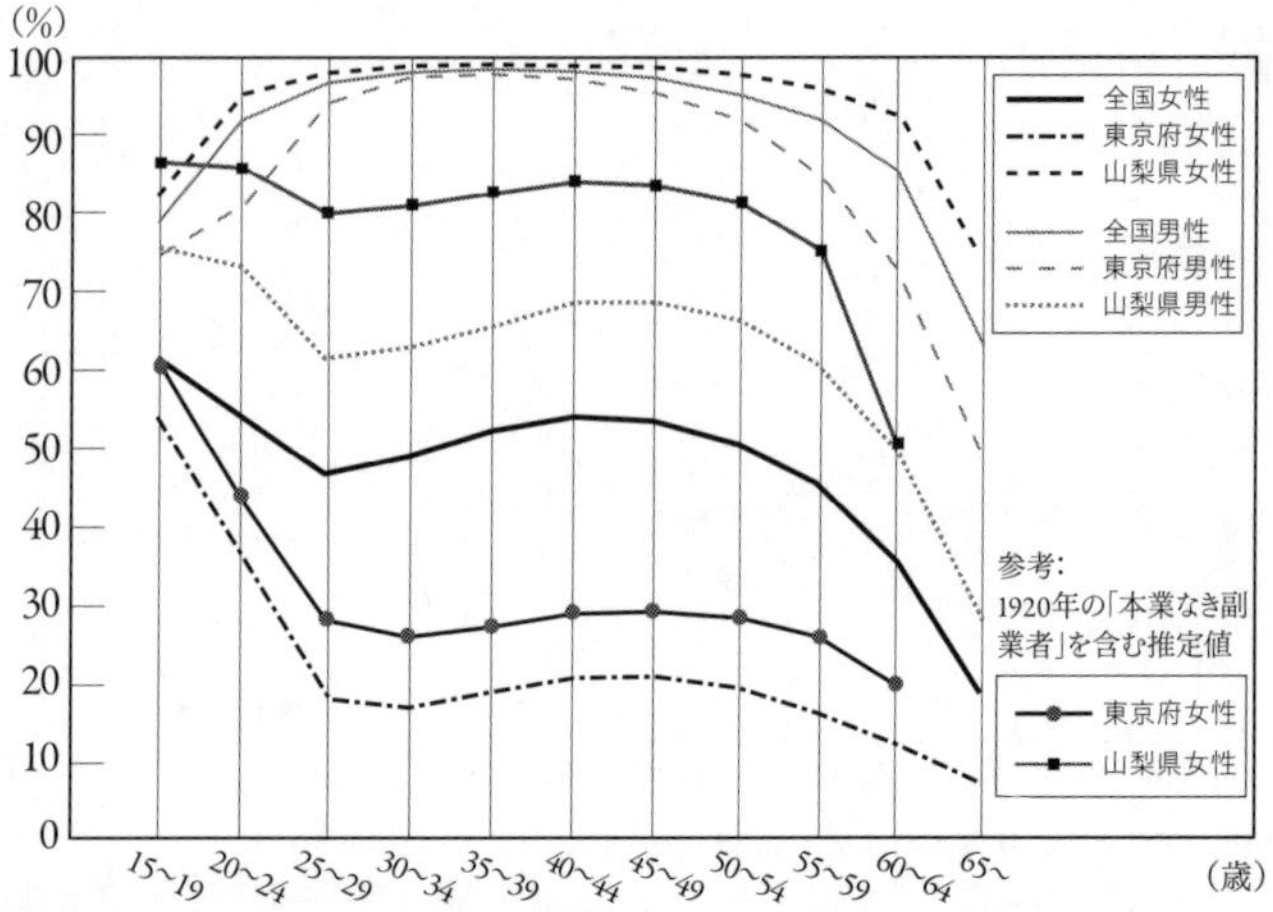

図表3-4 女性の年齢別有業率：1930年
（出典）内閣統計局『昭和五年国勢調査報告　第二巻職業及産業』1935年、同『第四巻府県編東京府』1933年、ならびに同『第四巻府県編山梨県』1934年より作成。（備考）「本業なき副業者」は含まない。

下層においても浸透していた。すでにみたが、都市下層の有配偶女性の有業率は、一九二〇年頃には片手間的な内職が激減して四四%に、さらに三〇年代には三〇%台に低下している。

谷沢弘毅も、一九二〇年代から三〇年代前半の中低所得層の消費行動と就業行動を分析して、本章の議論とほぼ同じ結論を導いている。すなわち、実質消費が一定か若干低下する状態で、食料費の抑制が行われる一方、住居費や教育費への支出は維持され、エンゲル法則が妥当しない現象が生じる。

しかもその際、妻の労働供給は世帯主の所得に極めて非感応的であり、その有業率は低く抑えられていた、と(谷沢弘毅『近代日本の所得分布と家族経済――高格差社会の個人計量経済史学』日本図書センター、二〇〇四年)。

新たな家族生活は、家計の源泉を男性世帯主の収入に依拠して、家事と育児が有配偶女性によって引き受けられるという、端的な性別役割分業によって営まれていた。この営みは、男性稼ぎ手家族の条件がなお十分ではないなかでの、性別役割の過剰な内面化でもあった。

主婦役割の過重さと多義性

都市における有配偶女性の就業率の低さは、彼女たちが性別役割を引き受け、いわゆる主婦役割を担っていたことを物語っている。この主婦役割は、どのような実態で、どのような意味合いを持っていたのであろうか。

何よりもまず、引き受けられた主婦役割が時間的には過重であったことが注目される。一九四一年に実施された生活時間調査によれば、勤務先を持たない三十一~四十五歳の女性が家事と育児に費やす一日の平均時間は、工場労働者世帯の場合十一時間四分、新中間層世帯の場合十時間三十四分となっており、男性世帯主層が仕事と通勤に費やす時間を、一時間から二時間以上も上回っていた（日本放送協会『国民生活時間調査一般調査報告　俸給生活者工場労働者女子家族編』一九四三年）。新たな主婦役割は、実態としては男性が雇われて働く以上の時間量で営まれていたのである。

けれどもそれは、かつての多就業の労苦からの脱出であり、それにもまして新たな家族生活の経験であり、雇用労働者世帯に広範かつ急速に浸透していった。男性稼ぎ手の条件が不安定ななかで過重な主婦役割を担うことは、さまざまな生活上の困難をともなったが、「子供本位」の生活が喧伝されるなかで、育児や教育への関心は高まることはあっても、低まることはなかった。

一方で主婦の家事には、さまざまな意味が込められていた。裁縫時間は約三時間に達したが、被服の相対価格が高い当時では、自営業的な作業あるいは内職の延長感覚で営まれていた側面も否定できない。また白い割烹着の普及は、近代の作業着にアナロジーする形で、主婦の「家事労働」を象徴していた節もある。いずれにしても家事は、自営・内職から雇用労働という多義的な意味を込められながら、その営みが家計を維持し補助する側面を担うことで、有配偶女性の就業選択をとどめていたのではないだろうか。

五．過剰な生活対応の社会的な文脈

二十世紀前半の生活経験を、近代への過剰な生活対応として振り返ってきた。最後に、過剰な生活対応を大きな社会平面に投影したとき、どのような課題が浮かび上がるのかを二つの視点から考えてみたい。一つは伝統部門との関係、二つは生活課題の外部化である。

新たな家族生活と伝統部門との関係

二十世紀前半の多くの期間は、エンゲル法則が正常に作動せず、構造的な不安定性を抱えていた。しかも男性稼ぎ手による家計支持が不十分な状態で、極端な性別役割分業を受け入れるというネジレも抱えていた。近代日本の貧困言説が、都市生活全般について強いリアリティを持ちつづけたのは、このためである。新たな家族生活の流れは、貧困からの脱出志向で貫かれていたとしても、貧困言説が浸透する余地をなお残していた。

では、不安定な都市生活はどのような社会的基盤によって支えられていたのだろうか。一言でいえば、二十世紀末にはほとんど失われてしまう伝統部門の機能によってである。日常の生活現場では、伝統的な関係からの支援がなされていた。都市家族の出自である小農直系家族からは、食物類にとどまらず時には赤字補塡の仕送りにまで及んだ。また都市地域の共同性も、再編されながらも機能していた。近隣でのモノやお金の貸し借り、家主への家賃滞納などは、そのことを示唆している。

生涯にわたる生活設計においては、日常の生活以上に、伝統部門の役割は大きかった。ほとんどの都市家族の出自が農村家族であったことはいうまでもない。他方で雇用労働者の多くにとって、自らの高齢期を雇用の延長で構想することは容易ではなかった。熟練職工の場合は商工自営業として独立することを望んでいたし、職工の多くは在来の雑業で糊口をしのぐことが多かった。新中間層には借家業を営む者も散見された。公的年金制度が機能する以前の事態である。

当時の雇用労働者は、その出自はもちろん、高齢期の設計を伝統部門に頼るほかなかったのである。生産年齢の良好な活動期間に限られた雇用労働者の家族生活を、中鉢正美は「生産年齢期核家族」と呼んでいるが、この呼称は、「生涯核家族」に至るまでの過渡期の不安定性を意味するものでもあった（中鉢前掲書）。

生活課題の社会的な外部化――過剰な生活対応の文脈――

最後に、生活課題の社会的な外部化について考えたい。過剰な生活対応は、伝統部門との関係で課題を調整してきたが、生活の内部で課題を処理する方法を見出すことはできなかった。このため不安定性とネジレを抱えた生活の営みは、その課題をたえず社会的に外部化する傾向を帯びることになる。

日清戦争、日露戦争、第一次世界大戦、そして満州事変から太平洋戦争にかけて、日本はいわば膨張主義的に「領土」を拡大してきた。その間、さまざまな課題を掲げて労働運動や米騒動を含む社会運動も展開された。

これらの動きは、過剰な生活対応にともなう課題を、社会的に外部化して解決しようとする姿勢と無関係ではなかったのではないだろうか。各種の運動が弾圧され挫折し、度重なる戦争の極点に「総力戦」が位置するとすれば、そして過剰な生活対応が課題の外部化傾向を強めていくとすれば、両者は何らかの回路でつながっていたのではないだろうか。

戦争が理不尽に生活を崩壊に導いたと考えれば、生活者はいつまでも「被害者」さらには「犠牲者」であり続けるが、どのように戦争が引き起こされたのかを、生活の営みから考える道筋は閉ざされてしまう。戦争を気にかけながら、戦時体制に組み込まれていった生活経験は忘却されてしまう。

近代への過剰な生活対応の経験は、あらためて戦争に問いかけ、自問する手がかりを与えてくれるのではないだろうか。

参考文献

加藤陽子『それでも、日本人は「戦争」を選んだ』新潮文庫、二〇一六年。
中鉢正美『現代日本の生活体系』ミネルヴァ書房、一九七五年。
中川清『日本都市の生活変動』勁草書房、二〇〇〇年。

◉第四章

生活改善同盟会の活動と階層構図

一九二〇年代から戦時期の改善言説

これまでは、新たな環境に対応して生活の実態がどのように変化するのかをみてきた。ここでは視点をかえて、一九二〇年代を中心とした生活改善同盟会の活動と言説を取り上げたい。同盟会は前章でみた都市の家族生活を対象として、その衣食住や社交儀礼すべての生活分野の改善を意図していたからである。

そこでは、当時の日本の生活習慣が、無駄、旧弊、弛緩として批判され、欧米の節約、合理、緊張へと改善すべきだという性急な姿勢が示されていた。住宅の改善事項では、座式から椅子式の立つ生活へ、服装の改善事項では、和服から漸次洋服へ、など官製の活動としては刺激的な主張がなされていた。

生活改善の言説は「中流階級」を主な対象としていたが、そのことが、戦間期における階層の間の生活様式や構造の差異を際立たせることになる。ここでは、社会階層によって異なる住宅や服装の様式についても具体的にみていきたい。生活様式や構造の埋めがたい差異が、後に同盟会活動の変質する大きな要因になると考えられるからである。

一．都市の家族生活と生活改善同盟会

それまで営まれてきた生活が、改善の余地のある習慣とされ、批判の対象となるのは、どのような条件においてであろうか。それまでの生活を見直して、新たな生活様式の選択が促されるのは、どのような関係においてであろうか。生き方や働き方をたえず見直し、改善していく姿勢は、今日では当然のこととして受け入れられている。けれども二十世紀初めの日本では、とりわけ私的な生活領域では、生活改善という姿勢は当然に受け入れられるものではなかった。

たしかに二十世紀に入ると、学校における教育、工場や会社さらには役所における労働の現場では、机や椅子による立式の振る舞いが中心となり、服装も洋服が多くなっていた。また学校や多くの職場では、時間管理が厳格化され、週休制も浸透していた。都市を中心とした公衆衛生は大幅に改善され、公的な場所における立居振る舞いも以

前とは異なってきた。社会生活の広範な場面で、近代化にともなう変化が根づき始めていたのである。

しかしながら、私的な家族生活においては事情が異なり、なお近代以前の営みや習慣が続いていた。そこでは、「緊張を欠いた」「生活振り」と評されるように、生活改善の姿勢そのものがこれから身につけるべき課題として見出された。政策的に表現するなら、私的な家族生活こそが、最後に残された改善すべき戦略領域として浮かび上がったのである。

以上のような生活をめぐる政策構図に、第一次世界大戦後には新たな社会状況が加わる。対外的には戦勝国として列強の一角を占め、それに相応しい生活のあり方が初めて本格的に意識される。また国内的には米騒動後の都市生活の統治という新たな課題が登場する。こうして家族生活は、期せずして同じ時期に内務省と文部省の訓令によって、政策的な戦略拠点として位置づけられる。

内務省と文部省の戦略

一九一九年三月には内務省の「民力涵養」に関する訓令が出され、いわゆる民力涵養運動が展開された。一方、同年七月から八月にかけて、文部省は代用食や生活充実などについての三つの訓令を続けて発令した。これに先立ち一九一九年六月に文部省の普通学務局に、通俗教育（二一年に社会教育と改称）を管轄する第四課が設置され、その初代課長には乗杉嘉壽が着任する。なお第四課は、二四年には社会教育課に名称変更され、二九年には社会教育局に昇格する。

この三訓令をきっかけに生活改善に向けた活動が始まるが、その所轄課が第四課であった。活動の皮切りは、一九一九〜二〇年の東京教育博物館（館長は棚橋源太郎）での生活改善展覧会であった。そして展覧会盛況の勢いを借りて、その開催期間中に生活改善同盟会が結成されたのである。乗杉と棚橋は、同盟会活動を担うキーパーソンであった。

ほぼ同時期の内務省の民力涵養運動と文部省の生活改善運動を比較すると、いくつかの相違が認められる。前者は、地方改良運動からの流れを受け継いでおり、都市よりは農村を中心とした活動であるため、地域社会の各種組織との連携が強固で、私的生活に直接働きかけることは比較的少なかった。それに対して後者は、社会教育という新たな領域への参入であり、当初は東京中心の活動から始まり、都市の「中流階級」

さらには新中間層の家族生活への直接的な働きかけを意図した。

生活改善同盟会の発足

さて生活改善同盟会は、一九二〇年に文部省の外郭団体として発足して活動を開始し、二二年に財団法人として認可され、一九三三年には生活改善中央会に改編され、一九四三年には活動を休止した。財団法人としての「生活改善同盟会寄付行為」の第一条では、その目的が「社会民衆を教育し国民生活の改善向上を期する」とされ、第二条では、五つの事業の第一番目に「衣食住社交儀礼等の改善に関する調査」が挙げられている。実際一九二〇年代前半には同盟会の下で住宅、服装、社交儀礼、食事などの調査委員会が設けられ、それぞれ具体的な改善事項が検討・決定されて、改善事項を啓蒙し普及する活動が展開される。

生活改善同盟会の活動をとりあげるのは、都市の家族生活を対象として、住宅、服装、食事などの広範な分野についての改善事項を具体的に提示していたからである。しかも第二章でみた貧困への働きかけとは対照的に、「中流階級」を主な担い手として、「世界標準」の生活様式を念頭においたユニークな官製活動であった。そのため当初の改善事項の記述には、日本の生活状況に対する性急な姿勢も散見された。

以下、生活改善同盟会の改善事項を具体的に検討することで、一九二〇年代の生活改善をめぐる言説の特徴を考えてみたい。

二．改善事項決定の経緯と資料

生活改善同盟会の発足にともなって「衣食住社交儀礼等の改善に関する調査」が精力的に展開され、一九二〇年から翌年にかけて住宅、服装、そして社交儀礼の調査委員会による暫定的な方針や最終決定に近い改善事項が提示され、それら三つを一括して一九二一年には『生活改善調査決定事項』が刊行された。そして一九二三年の『生活改善調査決定事項』では、新たに食事に関する方針が加わり、翌二四年には初めて振り仮名をつけた一般向けの『生活改善の栞』が刊行される。この『生活改善の栞』では、住宅を除いて改善事項の全容がほぼ出揃う。

また一九二四年には『住宅家具の改善』が刊行されるが、それは『生活改善の栞』の二倍をこえる頁数であった。佐野利器（東京帝国大学教授）を委員長とする住宅改善に関する調査委員会の活動は、むしろ作業が先行し充実していたために、この時点で独立して刊行されたと考えられる。その後一九二八年に『改訂生活改善の栞』が刊行され、そこでは住宅の改善も含まれて、家族生活の全分野がカバーされる。生活改善同盟会による啓蒙的な冊子は、一九三〇年に『農村生活改善指針』が刊行されるものの、都市生活を対象としたものとしては、二八年の改訂版が最後となる。ここでは、主として一九二八年の『改訂生活改善の栞』によって、都市の家族生活に関する改善事項の特徴を検討したい。

なお改訂版の目次は、社交儀礼の改善、服装の改善、食事の改善、住宅の改善、旅館其他の改善（暦及び年中行事の統一、雛祭の改善、旅館の改善を含む）、一般生活振りの改善という六つの事項で構成されている。ここでは、一般生活振り、住宅、服装、食事、社交儀礼の順に取り上げたい。

三．一般生活振りの改善言説——二項対立の生活構図と制約条件——

まず生活分野全体を概括した、一般生活振りの四つの改善項目をみてみよう。一つ目は「生活を規則正しくして時間の活用に力むること」で、日本の現状に対する「生活振りが甚だ不規則で、且つ緊張を欠いて居る」という批判的認識が前提とされている。ちなみに弛緩した「生活振りを一層緊張」させて、「活動能率を増進」することは、生活改善同盟会の設立の趣旨の要点でもあった。

二つ目は「生活は簡易を旨とし人手を借らぬやうにすること」で、女中などの使用人の「人手を浪費して生産能率を減じ」ることなく、「自ら手を下し労作する」ことが「簡易」という言葉に込められている。

三つ目は「生活は合理的にし迷信に囚はれぬ様にすること」で、「日の吉凶や方位の善悪等」の「迷信」や「悪弊」の打破が「国民の活動能率」の向上に直結するとされる。

四つ目は「一切の無駄冗費を省き生活の安定を期すること」で、生活の無駄を省き、節約によって貯蓄し、老後を含む生活の安定が目指される。

四つの項目のうち初めの三つでは、弛緩、複雑、迷信という現状を批判・克服して、緊張、簡易、合理という生活に改善すべきだということが、それぞれ明瞭な二項対立の構図で主張されている。克服すべき現状が批判され、向かうべき改善の方向性が示され、能率増進が目指されるという文脈は、生活改善同盟会の一貫した姿勢である。

改訂版の序言で「従来の生活様式をそのまゝ踏襲するが如きは、最早許さざる事情に到達して来た」と述べられているように、二項対立の生活構図には、生活をめぐる切迫した世界認識と、性急な生活改善の姿勢がうかがえる。この点については、後に住宅や服装などの改善事項でも考えたい。

一般生活振りの改善項目の説明からは、活動の担い手として想定されている「中流階級」の性格を垣間見ることができる。二つ目では、女中などの使用人の存在が当然視されているが、世帯を形成して間もない新中間層の多くは女中を持つことができなかった。また四つ目にあげられる有価証券の購入や各種保険への加入、さらには社会事業への寄付などは、中核的な担い手とされる「中流階級」が、新中間層の平均よりは高い所得や地位の階層であることをうかがわせる。同盟会のいう「中流階級」(まれに「中産階級」)は、部分的には新中間層とも重なりながら、その上方に位置していたと考えられる。

断念された生活水準の向上

以上のように改善の言説においても、担い手の想定においても、同盟会は斬新な活動を展開していたが、そこでは大きな制約条件が暗黙に前提とされていた。無駄を克服し節約によって貯蓄をして生活の安定を、という四つ目の項目は、節約と勤倹貯蓄による伝統的な生活の処し方を引き継いでいたからである。その意味では、生活の安定は目指しても、生活水準そのものの向上はあらかじめ断念されていた。

同盟会以上に生活の「世界標準」にこだわっていた森本厚吉でさえ、一九一八年の「日米『最小生活費』論」で、生活問題の最善の解決策は「収入を増加すること」であるが、現状では不可能として、次善の実行可能な方策を次のように述べている。「収入を活かして使う」、「収入を今少し力あるやうに能率あるやうに使う」、「平たく（中略）云ふならば吾々の生活を改善することであります、」と（中鉢正美編『生活古典叢書7 家計調査と生活研究』光生館、一九七一年）。森本は、生活改善そのものを次善の策としていたのである。

同盟会も、この前提を暗黙に受け入れていた。改善事項では、生活水準の向上への言及は皆無であり、もっぱら生活振りや生活様式の改善が取り上げられる。生活改善の活動は、限られた生活幅でのやり繰りに成否が託されることになる。同盟会の切迫感や性急さは、活動幅の窮屈さと無縁ではなかった。

四．住宅に関する改善言説 ―― 立つ生活と家族本位 ――

住宅に関する改善事項は、早くから内容が固められていた。一九二一年の『生活改善調査決定事項』の「住宅改善の方針」と、一九二八年の『改訂生活改善の栞』における住宅の改善事項とは、わずかな表現の違いがあるものの、六つの改善項目とその説明においてほぼ同じ内容である。住宅に関する改善言説は、際立って明快な論理とインパクトのある主張で、他の生活分野にも影響を与えたと考えられる。

『改訂生活改善の栞』では、六つの改善項目が示されるが、住宅の基本部分に関わる最初の三つは以下のとおりである。なお四つ目からは、庭園、家具、都市の共同住宅や郊外環境が取り上げられている。

①住宅は漸次椅子式に改めたい。

②住宅の間取設備は在来の接客本位を家族本位に改めること。

③住宅の構造及び設備は虚飾を避け衛生及び防災等實用に重きを置くこと。

ここでも、座式と椅子式（立式）、接客本位と家族本位、虚飾と衛生・実用が二項対立の構図で描かれて、生活改善のあり方が具体的に説明される。

一つ目の椅子式は、「今日世界通有の生活法」で、日本だけが座式を放置しておくことは最早許されない、という切迫したトーンで主張される。椅子式の主張は、西欧化を目指す改善言説の最先頭に位置していた。文部省主催の第一回社会教育講習会を公刊した『生活改善講演集　第壹輯』（一九二二年）の巻頭には、佐野利器の講演が収められているが、そこでも次のように述べられている。「速やかに坐る生活を廢して立つ生活に入りて以て退嬰的な生活から脱して、さうして立つ生活の潑剌たる氣分に入つて、生活の能率を增進したいのであります。」「立つ生活」こそが心身の活動を「自由」にして能率を増進するというのである。くわえて、家族生活以外の学校や職場の多くでは立式がすでに普及しており、座式と立式の「二重生活」から一刻も早く脱すべきだというのである。

座式から立式への移行は、身体の所作にかかわる変更であり、家具などの設えはもとより、服装の様式や食事の仕方にまで影響を及ぼすことになる。まず家具については、『住宅家具の改善』において、食事室でのテーブルをはじめ、居間や客間の「共用室の家具は椅子式にしたい」と明言され、具体的な家具やその配置が図示される。また「専用室」における「寝間の分離」の実現と、そこへの「寝台」の導入にも言及される。服装については、後述するように洋服の導入が促される。食事の改善項目には、もっぱら衛生上の観点から「食品を直接床の上に置く風を改め食事は食卓の上に於てすること」が挙げられ、椅子式が望ましいものの畳敷きの場合は「飯臺」（卓袱台）でもやむを得ないとされる。

二つ目の家族本位の主張は、広い意味では虚飾から実用への文脈に位置づけられるが、独特の響きをもっていた。「家族の日常生活を愉快」にして、「眞に意義ある生活」を営むには、客間や玄関を重視する「従来の通弊」を改め、居間を中心に、食事室、寝間の充実を図るべきであるとされる。

一九二二年に平和記念東京博覧会が開催され、十四棟の住宅実物が展示されるが、十二棟は椅子式の居間中心型の住宅であった。そのうちの一棟は、同盟会の決定事項にもとづき設計されたモデル「小住宅」である。その建坪は二十五坪余りで、明らかに居間が中心となり、食事室、寝間（ただし畳敷）、児童室（一部畳敷）、書斎兼客間から構成されており、二階の物置の隣の女中室を含めると（一般生活振りの二つ目の改善事項とは矛盾するが）、合計六室である。このような「小住宅」の階層的位置については後に検討する。

中心に据えられた居間について『住宅家具の改善』では、次のように述べられる。「居間の設備は質素と高尚を旨とし且つ家族團欒の目的を達する為め出来るだけ愉快な装飾を施し、主として主婦の好みによつて作られるべきであります。」「愉快」や「好み」という家族本位のトーンは、同盟会の主調音である緊張や合理そして能率増進とは、少し異なった響きを放っていた。

家族本位の視点は随所に見出すことができる。住宅の改善項目の四つ目では、「庭園は在来の観賞本位に偏せず」実用を重視して、「家族本位に設備すること」と述べられ、食事の改善項目では、「主人本位に偏せず家族全體に適する料理法を奨勵する」とされ、「婦人が粗食に甘んじることを美風と心得てゐた舊慣習」が批判される。同盟会の多岐にわたる改善項目が、部分的にではあれ取り入れられるとすれば、その動機は、家族本位の「日常生活を愉快」にという気分に近かったと思われる。この背景には、前章でみた新たな家族生活の流れがあったことはいうまでもない。

なお三つ目の項目は、佐野が先の講演で「住居は家庭の外廓である、其保護體である、之を破壊しやうとする所の外力卽破壊的外力に對して安全でなければならぬ」と述べているように、私的な家族生活にとっては、住宅がその外部に対して「堅牢」で「安全」な構造設備であることを意味していた。

五．住宅改善言説の階層構図と意義

住宅は、取り換えることが難しいストックである。住宅改善の実現には、時間においても、費用においても、衣食の改善と比べものにならない困難がともなう。けれども、切迫した認識にもとづいて、明快な主張を重ねたのが住居に関する改善事項であった。とりわけ立式と家族本位の主張は、両者の関係が不確かではあったが、他の生活分野の改善項目にも影響を及ぼした。この意味で、住宅改善言説は、同盟会の改善事項の中でも生活様式の西洋化を主導する位置にあった。

また住宅は、階層性の顕著な表現でもあり、住宅の改善言説から、同盟会活動の担い手の階層的な位置を確かめることができる。なお、図表4－2の持家率が示すように、当時の東京市職員でさえ大半が借家住まいであったが、改善言説が持家を想定した議論であったことは、ここでは問わないでおく。

「中流住宅」という用語が頻繁に登場する『住宅家具の改善』の記述をみていこう。共用室の「床に疊を敷くことは廢し度い」とされながらも、床に土足で入るのではなく、「足袋」や「スリッパ」を使用することが推奨されている。ここでは「中流住宅」

地位	室数	畳数	家賃	持家率	実収入	世帯人数	世帯数
	室	畳	円	%	円	人	
年棒者	6.0	31.4	40.0	48.7	279.7	5.6	312
月棒者	3.6	17.7	23.1	25.9	130.2	4.3	3,689
傭員（日給）	2.6	11.9	16.9	10.4	84.7	4.2	19,445

図表4-1　年俸者と月俸者の居住状態
（出典）東京市統計課『東京市在職者生計調査』1932年。

が、土足のまま入室する上流階級の洋館とは明らかに区別されている。住宅改善の西洋化は、洋館のような欧化主義とは区別され、構造においても振る舞いにおいても「中流階級」の身の丈に合った生活様式の西洋化であった。

一方で、同盟会の『實生活の建直し』で例示される「簡易住宅」の二つの設計実例は、女中室を含みそれぞれ四室と五室で、同盟会モデルの「小住宅」は、女中室を含み六室である。四例目の「改善住宅」は、鉄筋コンクリート構造で、建坪はモデル小住宅の三倍を超えている。図表4－1の年俸層と月俸層の室数に当てはめると、同盟会のいう「中流住宅」は幅があるものの、ほぼ年俸層に該当していたと考えられる。新中間層である月俸層では、室数が少なすぎるし、女中がいるのは不自然だからである。したがって「中流住宅」の階層的位置は、上流階級より下で、新中間層より上の「中流階級」と考えられるのである。

この「中流階級」の生活費はどの程度であろうか。同盟会の刊行物で生活費が具体的に示されるのは、一九二九年の『實生活の建直し』の「予算生活」の章のみだと思われる。そこでは、「中流階級を爲す俸給生活者ですら」「多數」がこの水準に達していないとされながらも、「中流階級」の「標準生活費」が「一ヶ月二百圓内外」と推定されている。この月額二百円前後の生活費は、当時の新中間層の平均実支出の二倍を上回っている。図表4－2にもどってみると、年俸層と月俸層の実収入は、やはり約二倍の開きとなっている。

したがって、同盟会の想定する「中流階級」は、官公吏の年俸層に該当しており、月俸層が中心の新中間層より明らかに上方に位置していた。この位置関係は、森本厚吉のいう「中流階級」（『生存より生活へ』文化生活研究會出版部、一九二一年）と生活水準においてほとんど重なっていた。森本は「中流階級」の国民全体に占める割合が極端に限られていることを懸念していたが、当時の新中間層にとっても住宅の改善項目の多くは実現することが難しかった。

現実には、新中間層のほとんどは、改善項目の一部を、部分的に取り込むことができるにすぎなかった。それらは例えば、ガラス戸の導入であり、畳に卓袱台か和式テーブルを設えた情景として現実化した。項目相互の関連やその全体像は、新中間層はもちろん同盟会にとっても必ずしも明らかではなかった。箇条書きの項目提示とその部分的な取り込みという構図にこそ、住宅改善言説の現実的な意義があったのかもしれない。

六．服装に関する改善言説——洋服導入の姿勢——

一九二一年の『生活改善調査決定事項』の服装の改善言説は、厳しい調子の和服批判から始められる。「在來の和服は事務服としても、將た勞働服としても甚だ不便なばかりでなく、一般に自由の活動を妨げ」、「和服は畢竟寢衣とし、又は閑居休養の衣服として」價値あるに過ぎず、「斯様な服装が長く今日まで我が國に行はれて居たことは、(中略)實に世界の一大奇蹟と謂はなければなりません。」

その後の『生活改善の栞』では、改善項目が精緻化されるとともに和服の強い批判は影をひそめ、洋服の導入が、世界の「激しい生存競争」に対応する「生活様式の改善」として推奨される。改善項目が一層整備された『改訂生活改善の栞』によって、服装の改善項目をみてみたい。

服装全般については最初に、衛生、動作、経済、美観、簡単という衣服の目的に合った様式として、「洋服が最も現代人の生活に適して居る」と結論づけられる。その上で、和服の部分的改良や工夫について七項目にわたって述べられるが、それらは洋服への移行期における調整という性格にとどまっていた。

つづいて男子服、婦人服、子供服に関する改善事項が、それぞれの実態を考慮した上で述べられる。まず男子服については、「漸次洋服に改め和服は成るべく自宅用に止める」とされ、「和服使用の範囲をできるだけ制限」して洋服の導入が図られる。

婦人服については、「通常服事務服及作業服は成るべく早く洋式に改めたい」と述べられ、男性よりは緩やかな洋服の導入が図られる。女性の場合は、「完全なる安全下ばき様のものを用ひたい」という項目が加えられ、下着の着用が推奨されているが、衣服全体と身体感覚の関係は明らかでない。

最後に子供服については、「成るべく速に洋服式に改めたい」と、洋服の積極的な導入が主張され、女児と嬰児の洋服例が図示されている。

以上のように服装の改善言説は、和服批判の強弱や若干の変更が認められるものの、洋服の導入という首尾一貫した主張に貫かれていた。しかもその主張は、男性、女性、子供の服装の実態を踏まえて、それぞれ実行可能な内容に調整されていた。その際の洋服導入の根拠は、和服と比べて「活動の自由」が、子供の場合には「運動の自由」が確保されることであり、さらに「着るにも作るにも」「簡便」であり、かつ経済的であることであった。なお、洋服の導入が他の生活分野とどのように関連するのかについては、ほとんど言及されていなかった。

ところで、現実に洋服を着ることができる社会階層は、住宅改善以上の拡がりを想定することができる。洋服の受容は、「中流階級」にとどまらず新中間層などにも及び、幅広い社会階層に受け入れられることが可能であった。しかし、洋服の導入を直ちに同盟会の担い手の拡大と考えることには無理があり、また洋服の受容が生活改善という文脈での受容であるかどうかも不確かであった。

七. 食事に関する改善言説——改善項目の羅列——

食事の改善事項は、他の分野から遅れて最後にまとめられた。『生活改善の栞』では二十一項目があげられ、改訂版では、三項目が削除され一項目が加えられて十九項目になっているが、改善内容や項目の順序には大きな変更は認められない。ここでも、

『改訂生活改善の栞』にもとづいて検討したい。食事の改善事項の特徴は、総論部分が二行にとどまり、全体の方針が明確でないこと、多岐にわたる十九もの改善項目が脈絡なく羅列されていること、の二点にまとめられる。

あえて項目全体を整理すれば、栄養、調理法、衛生、節約、作法に分類できなくもないが、これらの視点を混在させながら、改善項目が脈絡なく重ねられている感が強い。例えば、雑穀や薯類の奨励、パン食の併用の奨励、出汁のとり方や揚物の適温、大皿の廻し取り式の奨励などが羅列されている。かつて山口昌伴が「枝葉末節十把ひとからげ式」あるいは「無構造羅列式」と批判したのも根拠のないことではない（日本生活学会編『生活学第二十三集　台所の一〇〇年』ドメス出版、一九九九年）。

食事の改善項目が羅列に陥ったのは、食事の現状に対する認識や評価がほとんどなされておらず、しかもそのことが意識されなかったからである。住宅や服装のような二項対立構図を、和食に対しては適用することができなかった。食材にしても調理法にしても和洋中が併存し混在する日本の状況が、それを許さなかったという方が公平かもしれない。

食事は住宅や衣服と異なり日々新たに繰り返され、食費は当時の消費支出において最も大きな割合を占めていた。家族生活にとって食事は日常的な関心事であり、最も身近で習慣的な分野であった。その意味では、食事の改善事項の部分的な取り込みは、すでに現実のものとなっていたのである。改訂版の言葉を切り貼りすれば、「婦人子供の嗜好」を考慮しつつ、「飯臺」を囲んで「一日三回」の「食事の楽しみ」を享受する情景を、容易に描くことができる。

以上の点とも関係するが、食事改善の特徴は、想定される階層的な担い手がまったく不明確なことである。改善項目のどれを取っても、「中流階級」に特定できるものは見当たらない。むしろ新中間層を中心に工場労働者などへの拡がりが想定できる。同盟会は当初「中流階級」を担い手として想定していたが、住宅、服装、食事と改善事項が具体化されるにつれて、担い手はそれぞれの実態に即して現実的になり、下方へと拡散する傾向にあった。それにともなって住宅から食事へと、改善言説の論理性は希薄になってきたといえよう。

八．社交儀礼に関する改善言説――会員自らが実行すべき事項――

社交儀礼の改善言説の性格については、生活改善同盟会発足時にさかのぼると理解しやすい。本会規約の第二条では、「会員相互ノ協力ニ依リテ国民生活ノ改善向上」を期すとされ、会員自らが率先して生活改善を行うことが意図されていた。同規約の第三条では、「衣食住社交儀礼等ノ改善ニ心掛クルハ勿論先ツ以テ着手シ易キ左記事項ノ実行ニ努力スルモノトス」とされ、会員が着手しやすい事項が列挙されていた。

それらの事項は、訪問、贈答、冠婚と葬祭などの社交儀礼が中心で、多くが「中流階級」の虚礼虚飾や贅沢奢侈に対する注意事項で占められている。時間の厳守や冗費を貯蓄に、などの一般的事項、「雇用人」の人格の尊重という特定事項なども散見されるが、衣食住の改善事項は一切見当たらない。同盟会が財団法人化された後の一九二八年の『改訂生活改善の栞』でも、社交儀礼の改善事項には大きな変化は認められない。

したがって、会員にとって着手しやすい事項とは、社交儀礼中心の改善事項であり、「中流階級」に流布している社会的慣行を自戒し改善しようとするものであったと考えられる。改定版では、社交儀礼の改善が冒頭に位置し、結婚、葬儀、宴会、贈答、訪問、年賀など八つの改善事項があげられ、改善事項ごとに相当数の改善項目が列挙され、最大の頁数が割かれていた。

膨大な改善項目のほとんどは、「中流階級」の慣行に対する細かな注意や禁止の列挙に終始していた。あえて具体例をあげれば、結婚式は料理屋を避ける、新婦の色直しを廃する、死亡通知の新聞広告は簡略に、過分な贈答を廃する、面会時間を電話や郵便で連絡する、訪問の際は必ず名刺を、などである。

これらの改善項目は、「中流階級」やそれ以上の会員にとっては自戒し改善すべき課題として受け止めることもできたが、一般の国民生活にとってはかけ離れた内容であった。多くの読み手にとっては、社交儀礼の改善言説の意図を受け止めることができず、改善項目を部分的に取り込むことさえできなかった。そもそも注意や禁止の事項は、生活改善の活動には不向きだったのかもしれない。

九、生活改善言説の修正と変質

これまで一九二〇年代の生活改善言説を二八年の『改訂生活改善の栞』によってみてきた。翌二九年には同盟会編で『實生活の建直し』と『生活改善實話集』があいついで刊行されるが、二冊の内容には、修正と変質ともいうべき大きな変化が認められる。

『實生活の建直し』は、全体のトーンとしては生活改善の枠組みに収められている。

衣食住についてみると、食事の改善は、以前の羅列のままである。服装の改善は、和服の批判がなくなるが、「漸次洋服に」は変わりない。ところが住宅の改善には、後にみるように大きな修正が施される。開口一番「住居の改善は最も困難である」と述べられ、椅子式と家族本位はかろうじて維持されるものの、立つ生活の切迫した主張は影をひそめる。

社交儀礼の改善は、会員の自戒と率先に代わって、啓蒙的で饒舌な調子になる。新たに加えられた公衆衛生、予算生活、時に関する改善、迷信の打破の四つの章は、改善言説の対象とする範囲が、都市から農村を含む全国へ、「中流階級」中心からより広範な階層へと拡大していることが特徴である。予算生活で「標準生活費」が論じられるのも、広範な一般生活が視野に入れられたからである。

住宅の改善の記述では、まずアプローチの方法が一八〇度転換されている。「中流階級」ではなく、借家層に対する住宅政策が論じられ、同潤会の不良住宅地区の改善事業にも言及されているからである。かつて佐野利器は、「細民住居の改善」こそ「社会政策」であるとも述べていたが（『生活改善講演集　第壹輯』一九二二年）、当時の改善項目には取り入れられなかった。『實生活の建直し』での住宅改善の執筆者は、同盟会調査委員を兼務していた内務省社会局技師の中村寛と考えられるが、このことも影響していたと考えられる。

住宅改善の大きな修正は、従来「日本住宅の缺點を責むるに急で」「歐米の住宅様式を無反省に採用」してきたという認識に示されている。そして、日本の気候風土との適合を図るには、構造の堅牢と安全を確保しつつ、伝統的な住宅の縁側とひさしを採用して、住宅を開放的にすることが必要であるとされる。さらに同潤会分譲住宅の改善設計の紹介に際しては、「現在の一般的生活様式を基準として和室を主とした」と述べられ（『新しい日本住宅實例』一九二九年）、当初の改善言説からの変更を示唆している。

一方『生活改善實話集』では、大部分が農村の「実話」で、都市の新中間層以上の例が見出せなくなり、生活改善の内容は様変わりした。勤倹力行と題された前半は、ほとんど農村での節約と善行の模範例で、生活改善と題された後半も、農村での台所や冠婚葬祭の改善、時間の励行で占められていた。

『生活改善實話集』の推薦者や被推薦者の多くが、報徳会、婦人会、青年団さらには隣保会の関係者で占められていること、散見される「教化総動員運動に資する」や「民力涵養必行事項を徹底的に實行」という文言からは、同盟会の活動の現場では、内務省との関係が深まり、その関与が強まってきたものと考えられる。

十．総力戦に組み込まれる改善言説――節約と戦争への路――

生活改善同盟会は全国的な組織展開を図るために、一九三三年に生活改善中央会に改称・改組された。ところが、中央会の活動を把握できる資料は少ない。一九三八年には国家総動員法が成立するが、同年に発表されたとされる「生活改善實行要目」を、筆者は確認できていない。

太平洋戦争が始まる直前の一九四一年八月に中央会編『生活改善第一篇』が刊行されるが、そこには「非常時局對應生活改善實行要目」が収められている。「特に即時斷行を必要とする生活改善事項に就いて調査し」採択された要目は、以下の通りである（要目の採択時期は不明）。服装、食事、住宅に関する改善からはじまり、「送迎慰問、贈答」、「祝祭佛事葬儀等」、「婚禮」、「集會及び時間の尊重利用」、「隣保相扶」、「家計豫算」、「公衆道徳、作法」、「資源愛護」に関する改善という十一の要目からなっている。これらが幅広い生活分野をカバーしていることは確かである。けれども、かつての改善言説の内容は見る影もなく変質していた。

まず服装に関する最初の要目では、使用期間の延長と新調の抑制があげられる。食事に関する最初の要目では、国産品の使用が奨励され、住宅に関する要目では、もっぱら空襲に対する備えが細かにあげられる。衣食住に関する三つの改善言説は、全面的に変更されていた。新たな生活様式に向かう姿勢は跡形もなく失われ、改善要目はもっぱら節約と戦争への対応で貫かれるのである。

社交儀礼などに関する八つの改善要目は、すでに示したタイトルからも推し測ることができよう。前半の三つの要目は、質素というトーンでまとめられている。後半の五つの要目は、節約と戦争への協力にくわえて細かな注意点が並べられている。すでに現実の生活にも、総力戦の遂行が色濃く影を落としていたのである。

いずれにしても、中央会の「非常時局對應生活改善實行要目」は、かつての生活改善とは似ても似つかない内容に一変してしまった。要目は全体として節約と質素を基調としてまとめられ、要目間のズレや齟齬は、戦争の遂行に向かって整序される。そこでは、かつての戦略的な階層構図は、国民生活という一体的な把握に取って代わられるのである。

十一．生活改善言説と階層構図の帰結

「思想も精神も生活によつて左右せらる、以上は、最も急を要するは生活の改善なり」として（『生活改善の研究』諸言）、生活改善同盟会の活動は開始された。都市の家族生活を対象とした同盟会活動が目指したのは世界標準であり、改善言説は日本の旧弊・弛緩と欧米の合理・緊張の明確な二項対立で貫かれていた。

ところで生活改善の戦略は、当時の生活水準を所与とした生活様式の改善であり、水準自体の向上ではなかった。そのため、既存の階層構図を変更することはできず、同盟会がまず活動の中核に据えたのは「中流階級」であった。けれども日本の「中流階級」は、極めて少数にとどまり（多くとも五％未満）、しかもその生活理念は欧米と伝統の間で引き裂かれがちであった。

したがって同盟会の活動は「中流階級」を軸にしながらも、その担い手を新中間層などにも拡大する必要があった。こうした既存の階層構図への配慮は、生活改善を首尾一貫した言説にすることを妨げた。住宅、服装、食事などの改善事項の間でズレや齟齬が生じ、生活改善の全体像を明示できなかったからである。

一九二〇年代の生活改善言説の不整合性は、二つの結果をもたらした。一つは、列挙される改善項目の内容が、新中間層以下の階層にも断片的に取り込まれ、戦間期の都市生活に束の間の彩を添えたことである。

二つは、改善言説の修正や変質を許して、やがて生活水準の低位平準化とともに階層構図は脱色され、国民生活という一体的な把握がもたらされたことである。一体的な生活把握は敗戦によって終わったわけではない。むしろ戦後、長きにわたって国民生活という生活理解の枠組みが存続することになる。

同盟会が依拠するほかなかった「中流階級」に関していえば、生活水準が飛躍的に向上する高度成長期を経て「中流意識」は広範に流布したが、日本の「中流階級」はついぞ形成されることがなかったのである。

参考文献

磯野さとみ『理想と現実の間に――生活改善同盟会の活動(ブックレット近代文化研究叢書6)』昭和女子大学近代文化研究所、二〇一〇年。

生活改善中央会編『生活改善　第一篇』生活改善中央会、一九四一年。

生活改善同盟会『生活改善調査決定事項』生活改善同盟会、一九二一年。
生活改善同盟会『生活改善の栞』生活改善同盟会、一九二四年。
生活改善同盟会『住宅家具の改善』生活改善同盟会、一九二四年。
生活改善同盟会『改訂生活改善の栞』生活改善同盟会、一九二八年。
生活改善同盟会編『新しい日本住宅實例』寶文館、一九二九年。
生活改善同盟会編『生活改善實話集』生活改善同盟会、一九二九年。
生活改善同盟会編『實生活の建直し』寶文館、一九二九年。
生活改善同盟会編『農村生活改善指針』生活改善同盟会、一九三〇年。
森本厚吉『生存より生活へ』文化生活研究會出版部、一九二一年。
文部省普通学務局『生活改善講演集　第壹輯』大日本図書、一九二一年。
文部省普通学務局『生活改善の研究』大日本図書、一九二二年。

◉第五章

生活変動の転機と人工妊娠中絶

一九五〇年代の生活課題の内部化

生活変動の大きな転機として、一九五〇年代における合計特殊出生率の半減、年間百万件におよぶ人工妊娠中絶を取り上げる。この時期を境に、生活課題はかつてのように社会的に外部化されるばかりではなく、生活の内部においても処理されるようになるからである。第三章でみた生活構造の不安定性を克服して、高度成長期の「生活革命」への転回を可能にしたのは、出生率の激減という生活課題の内部化によるところが大きかった。

敗戦直後の過剰人口と生活困窮の両方を解決する方法として、すでに各種の機関や活動では産児制限が焦点化されていた。実際、個々の家族にとっても選択肢は限られていた。人々は早くから産児制限を受容し、避妊を実行していた。人工妊娠中絶は、一九四八年の優生保護法によって可能になったが、まさに避妊を実行していく過程で、やむを得ない選択として中絶が行われることになった。

ここでは、一九五〇年代の膨大な妊娠中絶がどのような事情で選択され、どのような意味を持っていたのかを、いくつかの視点から考えてみたい。

一．生活変動の転機――出生率の激減――

近代の生活変動の転機は、第二次世界大戦の終わりか、高度成長の始まりに求められることが多い。けれども二つの出来事は、生活を取り囲む状況の変化であり、必ずしも生活変動の内在的な転機を説明するものではない。確かに敗戦によって政治状況は大きく変化した。けれども、戦時からの生活困難が続いており、構造抵抗に示される過剰な対応や、各種の運動による課題の外部化は跡を絶たなかった。一方、高度成長による「生活革命」という捉え方も（色川大吉『昭和史　世相編』小学館、一九九〇年）、状況変化の説明にとどまっており、どのようにして急激な生活の変化が受け入れられるのかは明らかでない。

ここでは、二つの出来事の間に位置する一九五〇年代の出生行動の変化に注目したい。生活意識や消費動向が生活の表層を反映するのにたいして、出生行動は生活内部の営みの累積として現れるのがつねであり、もし出生行動が大きく変化するとすれば、それは生活の営みによる転機を示していると考えられるからである。

世帯の変化と出生の変化——合計特殊出生率の半減——

図表5-1は、世帯と出生に関するいつくかの指標を示している。普通世帯の平均人員をみると、第一回の国勢調査が行われた一九二〇年から五五年までは五人弱の水準でほとんど変化がなかった。ところが一九五五年の四・九七人から一九七〇年の三・六九人へと減少し、その後も漸減して二〇〇〇年には二・七一人となっている。また普通世帯に占める核家族率は、一九六〇年から一九七〇年にかけて明らかに上昇傾向を示している。このような指標をみるかぎり、人々の生活単位である世帯の性格変化は、高度成長にともなって始まったと考えられる。

ところが、普通出生率、合計特殊出生率、さらに純再生産率という出生に関するデータをみると、すでに一九五〇年から明らかな変化が生じている。いずれの数値も一九四〇年代までは、ほとんど同じ水準で推移しているのに対して、普通出生率は、一九四九年の三三・〇パーミルから一九五九年の一七・五パーミルへと、きわめて短期間

年 次	普通世帯の平均人員（人）	普通出生率（‰）	合計特殊出生率	純再生産率	普通世帯の核家族率（%）
1920	4.89	36.2	—	—	55.3
1925	4.87	34.9	5.11	1.65	—
1930	4.98	32.4	4.72	1.52	—
1940	4.99	29.4	4.12	1.43	—
1947	—	34.3	4.54	1.68	—
1948	—	33.5	4.40	1.75	—
1949	—	33.0	4.32	1.74	—
1950	4.97	28.1	3.65	1.50	—
1951	—	25.3	3.26	1.38	—
1952	—	23.4	2.98	1.29	—
1953	—	21.5	2.69	1.17	—
1954	—	20.0	2.48	1.09	—
1955	4.97	19.4	2.37	1.06	59.6
1956	—	18.4	2.22	0.99	—
1957	—	17.2	2.04	0.92	—
1958	—	18.0	2.11	0.96	—
1959	—	17.5	2.04	0.93	—
1960	4.54	17.2	2.00	0.92	60.2
1965	4.05	18.6	2.14	1.01	62.6
1970	3.69	18.8	2.13	1.00	63.5
1975	3.45	17.1	1.91	0.91	63.9
1980	3.33	13.6	1.75	0.83	63.3
1990	3.06	10.0	1.54	0.74	61.8
2000	2.71	9.5	1.36	0.65	60.1

図表5-1　世帯と出生の動向
（出典）国立社会保障・人口問題研究所編『人口の動向　日本と世界――人口統計資料2005』厚生統計協会、2005年より作成。

のうちに半数近くにまで低下している。また合計特殊出生率も同じ期間に、四・三二から二・〇四へと半減している。この結果、純再生産率は、一九五六年に一・〇〇を下回って翌年には〇・九二まで下がり、一九六〇年までの五年間は、早くも純再生産率が一を下回る事態を経験した。

都市部での出生の変化は、さらに著しかった。一九五〇年の東京都と大阪府の普通出生率は、それぞれ二三・六パーミル、二四・三パーミル、合計特殊出生率は、二・七三、二・八七、それに対して一九五五年の普通出生率は、それぞれ一五・九パーミル、一五・九パーミル、合計特殊出生率は、一・七一、一・七七と顕著に低下している。これらの数値からは、全国レベルの出生状況の変化を都市部が主導していたと考えられる。

このような出生をめぐる動きは、世帯のデータの変化と三つの点で異なっている。一つは、高度成長期の前に、実質的には戦後改革と高度成長とにはさまれた一九五〇年代前半のわずか五年余りの間に、出生状況をめぐって大きな変化が生じていることである。二つは、世帯の変化が現在に至るまでなだらかに続いてきたのに対して、出生の変化は、わずか五年あまりの間に一気に引き起こされており、そこに人々の生活意思とでもいうべきものが感じられることである。三つは、短期間に激減した出生率が、その後の生活水準の上昇にもかかわらず回復することなく、第一次石油危機にいたるまでほぼ変わることなく同じ水準で、すなわち一八パーミル前後の普通出生率、二・一前後の合計特殊出生率で推移したことである。

世帯の数値が、単独世帯や新たに形成される家族の動きを敏感に反映するのにたいして、出生の数値は、すでに形成され維持されている家族の行動を表すものである。したがって出生データの激変は、生活の表層にとどまらない、日常生活のあり方の根底的な変化を意味しているのではないだろうか。

出生率激減の構造的な影響

一九五〇年代における出生率の激減は、人口構造さらには社会構造にどのような影響を及ぼすのであろうか。

年齢別の人口構成をみると、一九二〇年から一九五〇年まではピラミッド型の人口構成に変わりはなかった。ところが出生率の激減によって、年少人口の割合が一九五五年には三三・四%と減少しはじめ、七〇年には二三・九%に低下する。一方、それまで六〇%弱で推移してきた生産年齢(十五〜六十四歳)人口の割合は、一九五五年には六一・三%と増加しはじめ、七〇年には六九・〇%に上昇する。こうして一九六〇〜七〇年年代には、青壮年の生産年齢の割合が高い、生産中心型の人口構成が出現する。出生児数の急減は、年少人口の社会的負担を軽減し、生産活動の担い手を中心に人口を構成することで、高度成長に適合的な人口構造を生みだした。この現象は「人口ボーナス」とも呼ばれるが、この後東アジア諸国も、それぞれの出生抑制の手段でボーナスを享受することになる。

やがて生産年齢人口の加齢にともなって、一九八五年には六十五歳以上の老年人口比率が一〇%を、二十一世紀初めには二〇%を超えて、日本はかつてない速度と規模で高齢社会を迎えることになる。いずれにしても一九五〇年代の出生行動の激変は、高度成長以降の社会構造のあり方にも少なからず影響を及ぼすことになる。敗戦や占領という出来事でもなく、成長による目覚しい「生活革命」でもなく、その間隙にある生活の営みの転機に注目したい。

二．マジョリティの経験としての妊娠中絶

一九五〇年代前半の出生率の激減は、国際的にみても独自な現象であった。一九五〇年代に入っても、米国ではベビーブームが持続し、欧州では日本ほどの落ち込みを経験せず、他方、アジア地域の合計特殊出生率は五・〇を上回っていた。傾向としても水準としても、一部の東欧地域などを除けば、この時期の日本は、特異な出生行動を経験していたことになる。では、この出生率の激減は、どのようにしてもたらされたのであろうか。

図表5-2は、出生と中絶をめぐるデータを示したものである。まず出生の実数をみると、戦後直後の二百六十万台からやはり一九五〇年代前半に急減して、五〇年代後半には百六十万台と、約十年のあいだに年間の出生数が百万件も減少したことになる。中絶の報告件数とは、当時の優生保護法にもとづいて届け出られた人工妊娠中絶の数で、市部・郡部の区別は、中絶を受けた者の居住地（各年次の行政区域）別の数値である。

優生保護法は、一九四八年に成立・施行されたが、基本的には、戦時色の強い「優生手術」（一九四〇年の国民優生法の延長）と、いわば戦後的な「母性保護」（人工妊娠中絶と受胎調節）という二つの要素から成り立っていた。後者の中絶に関する規定は、一八八〇年（一九〇七年改正）以来の刑法堕胎罪適用の回避を初めて可能にした。一九四九年には、中

年次	出生数（千件）	人口妊娠中絶報告件数（千件）			対出生比（%）		
		全国	市部	群部	全国	市部	群部
1947	2,679	—	—	—	—	—	—
1948	2,682	—	—	—	—	—	—
1949	2,697	102	—	—	3.8	—	—
1950	2,338	320	—	—	13.7	—	—
1951	2,138	458	—	—	21.5	—	—
1952	2,005	806	388	417	40.2	53.9	32.5
1953	1,868	1,068	518	550	57.2	75.2	46.6
1954	1,770	1,143	608	535	64.6	80.5	52.8
1955	1,731	1,170	688	482	67.6	77.8	57.0
1956	1,665	1,159	693	466	69.6	78.0	60.0
1957	1,567	1,122	687	435	71.6	78.7	62.9
1958	1,653	1,128	699	429	68.2	72.7	62.0
1959	1,626	1,099	704	395	67.6	70.9	62.3
1960	1,606	1,063	689	374	66.2	68.0	63.2
1961	1,589	1,035	674	361	65.1	65.3	64.8
1962	1,619	985	646	339	60.9	59.7	63.3
1963	1,660	955	638	317	57.6	56.0	61.0
1964	1,717	879	590	288	51.2	48.9	56.7
1965	1,824	843	573	270	46.2	—	—
1970	1,934	732	—	—	37.8	—	—
1975	1,901	672	—	—	35.3	—	—
1980	1,577	598	—	—	37.9	—	—
1990	1,222	457	—	—	37.4	—	—
2000	1,191	341	—	—	28.7	—	—

図表5-2　出生と人工妊娠中絶の動向
（出典）青木尚雄『出生抑制に関する統計資料』『人口問題研究所研究資料』第181号、1967年、ならびに前掲『人口の動向　日本と世界――人口統計資料集2005』より作成。

絶の要件が緩和され、「身体的又は経済的理由により母体の健康を著しく害するおそれのあるもの」（同法第十四条第一項第四号）も認められることになった。「経済的理由」は唯一生活上の理由を示唆するものであるが、一九五一年以降の中絶の実に九九％以上は、この規定の中絶によって占められてきた。また一九五二年の改正では、中絶手術の手続きの簡素化が図られた。

優生保護法は一九九六年に、「優生手術」の条項が削除されて（「不妊手術」に変更）、母体保護法に改正される。この改正によって、優生保護法第十四条第一項の第一号から第三号までの優生色の強い医学的理由が削除されるが、「経済的理由」の部分はそのまま存続する。ここでは、人工妊娠中絶を例外的に合法化する「経済的理由」を、人々がどのように理解し、受け入れたのかに注目したい。

さて中絶件数をみると、優生保護法の実施五年後の一九五三年には百万件をこえ、一九六一年までの九年間は百万件台を維持しつづけ、その後しだいに減少して二〇〇〇年には三十四万件となっている。とくに一九五〇年代前半の中絶件数の増加が著しかったが、この動きは、すでにみた出生率の激減と密接に関係していた。ちなみに出生率低下が一段落した一九五〇年代後半において、年間の中絶件数は出生数の七割近くに達し、中絶と出生の両者の数を合わせて、ようやく戦後直後の出生数に届いていた。

もちろん表示した数値は届け出られたものにすぎず、例えば一九五三年の「ヤミ中絶」を含む実際の件数は、報告数を大きく上回る百八十〜二百三十万件と推計されている。いずれにしても出生率の激減に、中絶が決定的な役割を果たしたことは確かである。実際、一九五五年の出生抑制全体にたいする中絶効果の占める比率は、七〇%あるいは七五%にも達したと推定されている。人口構造の変化を画した出生率の激減が、膨大な人工妊娠中絶によってもたらされたことは明らかであろう。生活変動の転機は、表層には浮かびにくい中絶行為の累積によって形づくられたのである。

市部と郡部に分けてみると、行政市域が拡大するため件数では実勢がつかみにくいが、対出生比率に注目すると、市部が全国の中絶の動きを先導していたことは明らかである。すなわち、出生にたいする中絶割合のピークが、市部では一九五四〜五七年で八割弱、郡部では一九五七〜六二年で六割強となっており、時期においても市部が先行し、水準においても一九六〇年までは市部が郡部を圧倒していた。妊娠中絶は、まず都市部で受け入れられ、その後全国に伝播した。

妊娠中絶の経験と担い手

妊娠中絶を経験したのは、どのような女性たちだったのだろうか。毎日新聞社人口問題調査会の「全国家族計画世論調査」によれば、有配偶の女性のうち人工妊娠中絶の経験者は、一九五二年の一五・四％から、一九五七年の二九・七％、そして一九六一年の四〇・八％と上昇し、その後は一九七一年まで三〇％台で推移している。なお一九五五年に女性雑誌が実施した調査によれば、調査対象がやや二十歳代後半に偏ってはいるが、中絶経験者の割合は、四七・三％に達していた（『婦人公論』一九五五年六月号）。

一九五五年の中絶状況を、女性の年齢別にみてみよう（青木尚雄「出生抑制に関する資料」）。二十歳代後半と三十歳代前半とで、中絶件数全体の過半を占め、また出生数に対する中絶割合は、二十歳代後半で四四・七％、三十歳代前半では八四・八％、三十歳代後半になると一六三・〇％と中絶件数が出生数を上回っていた。さらに、厚生省児童家庭局の「受胎調節に関する世論調査」では、一九六四年時点での有配偶女性の中絶経験率は、二十五～二十九歳で三〇・五％、三十～三十四歳で四三・五％、三十五～三十九歳では五二・〇％であり、また子供数が二人の場合で四六・三％、三人以上の場合では五〇・二％であった。

以上の検討から、一九五〇年代の日本で経験された妊娠中絶は、三つの特徴をもっていたと考えられる。

一つは、中絶が少数の例外的な経験ではなく、三～四割を超える相当数の、調査の時期と年齢を限れば、半数をも上回るマジョリティの経験であった。当時の女性雑誌が「中絶の大衆化」に対して批判的なトーンで刻んだ、「とうとうたる人工妊娠中絶の大流行」(『婦人公論』)、「パーマネントでもかける気で」(『主婦の友』)などの言葉は、一九五五年頃における妊娠中絶の広範な浸透を物語っている。一九五〇年代の妊娠中絶はマジョリティの経験だったといっても過言ではない。

二つは、既婚で子供(とりわけ二人以上の子供)を持つ、家族を形成し維持している女性によって妊娠中絶が担われた。時期は下るが一九七〇年の日本医師会調査(中絶を希望して来院した女性を対象)の結果を、松浦鉄也と小此木啓吾は、出産経験があり家庭的な価値観をもつ「健全な中流の家庭の主婦の間でいま非常に一般化している」と記していた(「意識調査を中心とした優生保護調査」『日本医師会雑誌』六十三巻十二号、一九七〇年)。「健全」とまではいわないにしても、中絶は逸脱や病理ではなく、ごく普通の生活におけるやむを得ない選択として受け入れられていた。

三つは、マジョリティのやむを得ない選択としての中絶は、一九五〇年代に三十歳代という特定の女性世代を中心に行われた。この世代は出生年としては一九二〇年代生まれの年齢集団であったが、女性の世代別の完結出生児数をみると、一九二一〜二五年生まれを境に平均出生児数が激減しており、一九二〇年代生まれの女性から出生行動が大きく変化したことがうかがえる。想像をたくましくすれば、新たな都市生活と戦争による混乱とを、自らの成長期に経験した女性世代が、それまでの出生行動を激変させ、生活変動の転機を担ったといえよう。ちなみに、この世代が五十歳代になる一九七〇年代から「水子供養」がブームとなった。

三 妊娠中絶の社会的文脈

過剰人口と世論調査

膨大な人工妊娠中絶は、どのような社会的文脈で登場し、人々にどのように受け入れられて、生活変動の転機を画すことになったのであろうか。一九四六年、ＧＨＱの公共衛生福祉部長は、日本の食糧不足は深刻であるとの認識のもとに、過剰人口問題の打開策として、工業開発・食糧輸入、海外移民、人口増加防止・産児制限の三つをあげた。この第三番目の方策を受けて、人口問題審議会は一九四九年の「人口調整に関する建議」で、初めて受胎調節と個々の家庭経済の利益（健康で文化的な生活の実現）とを結びつけた。

さらに同審議会は一九五四年の「人口の量的調整に関する決議」で、「人工妊娠中絶が大流行を来たして」いるとの現状認識を示し、産児制限の方法として受胎調節の普及の必要性を強く訴えた。この決議と相前後して、受胎調節の行政指導や支援が各地で本格化するとともに、大企業では家族計画も含む新生活運動が展開された（荻野美穂『「家族計画」への道』岩波書店、二〇〇八年）。

このような社会的文脈を人々はどう受け止めたのであろうか。ここには、まさしく現代的というべき媒体が存在していた。代表的なものの一つが世論調査である。マクロの社会的課題とミクロの個別生活とを結びつける質問項目が設定され、マスメディアに公表された調査結果に人々が接する、という相互作用が繰り返されることによって、マクロの生活問題の構図が個々の生活内部に誘導され、生活課題として内面化されることになった。

事実、いくつかの新聞社は「四つの島にあふれる」日本というトーンで、人口に関する世論調査を積み重ねた。ＧＨＱ公共衛生福祉部長の見解にそのまま追従する形で、一九四九年に朝日新聞社が実施した調査の質問内容は、きわめて直截なものであった。それによれば、当時の日本の人口を「多すぎる」とする回答は、実に八〇％に達し、「人口過多」への対策としては、「産児制限」と「海外移住」がそれぞれ三九％、三五％を占めており、さらに人口抑制にたいしては、「国民の貧乏を防ぐことができる」ものの、「国の将来」には悪影響があるという微妙な態度を示していた。一九五一年には再び同様の調査が実施され、前回と大差ない結果が朝日新聞上に発表されるが、そこでは「都市は産児制限・郡部では移民論」と「堕胎の緩和にも、より積極的な態度」の二点が強調されていた。

　また毎日新聞社は、一九五〇年からほぼ二年ごとに人口問題に関する世論調査を重ねた。そこでは、中絶・避妊・子供数などについて、繰り返し質問がつづけられた。「人工流産（堕胎）」と表記された中絶については、条件つきで認めるものが、すでに第一回調査から一貫して過半数を占めていた。中絶件数がピークをむかえた一九五五年当時、女性雑誌『主婦の友』の付録「産制の百科案内」において、広く行われている中絶を容認する形で「正しい妊娠中絶法」が詳述され、「中絶がどうしても必要な理由」の一つとして「受胎調節失敗の場合」が強調されていたことは興味深い。実際、長いあいだ家族計画に携わってきた久保秀史も「受胎調節の普及が、急速に増加すればするほど、過渡期的には、中絶は増加する」と主張していた（「受胎調節と人工妊娠中絶の出生に及ぼす影響」『公衆衛生』十九巻一号、一九五六年）。当時においては、中絶と避妊さらには家族計画とが、必ずしも明確に区別されておらず、渾然と重ねて理解されていたのである。

少産という課題と避妊・中絶

出生数に対する中絶数の割合に、避妊の経験率を重ねてみると、まず避妊の経験率の急増が先行して、その後中絶率が急激に上昇して一九五〇年代半ばにはピークに達し、一九六〇年代初めに避妊経験率が七〇％に近づくころから、中絶率は低下傾向を示している。

中絶と避妊の経験の間には、明らかにタイムラグが認められる。さらに、家族計画についての態度をみると、すでに毎日新聞社の一九五〇年第一回世論調査から、肯定的な「よいことと思う」ものが六割を上回っていた。要するに、人々の生活意識のあり方としては、まず産児制限（家族計画）があり、つぎに避妊があり、最後に中絶があった。少ない子どもという少産の意思が広く流布し、避妊が行われ、やむを得ない場合に人工妊娠中絶が選択されたのである。

子どもの数についても、マスメディアはある種の方向づけをあたえた。追加希望子供数（「あと何人ほしいか」）を毎回質問していた毎日新聞社では、一九五〇年代を通じて「せいぜい三人が理想」、「二人が理想／三人以上では〝もう沢山〟」という要約の仕方を繰り返していた。また「中絶を繰り返す人は」「子供が二〜三人あれば不妊手術を」という忠告も（前掲「正しい妊娠中絶法」）、当時の女性雑誌がどのような子ども数を想定していたのかを示している。

人口過剰や産児制限という社会問題が、世論調査やマスメディアをとおして、少産に向けての避妊・中絶という形で理解され、当時の生活意識に浸透していった。このことは、妊娠月数別の中絶割合の変化にもうかがうことができる。一九四九年に三〇％を上回っていた妊娠四か月以上の中絶は、法的には届け出が必要であり、医学的には手術が危険であるという理由が重なって減少し、一九五三年以降は九〇％以上が三か月以内の中絶となった。このような中絶手術の早期化は、かつての「自然流産」との相違を際立たせるとともに、受胎の認知とほとんど同時に中絶が選択されることによって、少産の意思がより明確に表されることになる。こうして社会問題としての産児制限が、個々の生活の内部において、少産という生活課題として内面化されていった。

四．生活課題の内部化と現代家族

転機の生活対応——貧困から「よりよい」生活へ

以上のような生活課題の内面化は、どのような生活状態において行われたのであろうか。そこでの生活の営みは、どのような形で妊娠中絶を選択することになったのだろうか。一九五〇年代前半までの社会的通念では、国家の財政も個々の家計も赤字という状況で、まず経済の自立が目指され、その後に初めて個々の生活の向上が可能になると考えられていた。この限りでは戦後の生活のあり方も、戦時中と同じく社会に依拠していたといえなくもない。けれども現実には、これまでとは異なる生活対応が展開されたのである。

戦後において生活と社会の関係が変わったとすれば、敗戦で社会の強力な輪郭が失われることによって、それぞれの生活が直接、社会に投げ出されたことであろう。社会的な統合力が極度に低下したため、生活課題への対応は、もっぱら個々の生活の営みに委ねられてきた。そのため生活の内部で課題を受け止め、中絶経験をともなう対応によって生活の形を変えてきたのである。

一九五〇年代、確かに個々の生活は苦しかった。けれども苦しさや貧困のみが中絶という対応をもたらしたわけではない。勤労者世帯の実質消費支出は、戦後十年あまりで二倍、つづく十年あまりでさらに二倍へと急昇し、雇用労働者の生活は大きく変化する。とりわけ中絶の激増期にあたる一九五二年と一九五三年は、消費支出の実質増加年率が一〇%を超える時期であった。したがって個々の生活にとっては、貧困一般が問題なのではなく、急激な変化への速やかな対応こそが課題であった。

一九六〇年時点での一人当たり国内総生産（GDP）とエンゲル係数との関係を、少し乱暴ではあるが、いくつかの地域について比較してみよう。日本の一人当たりGDPは四五八米ドルで、旧西ドイツの約三分の一、シンガポールとほぼ同じ水準であり、アジアの一角に位置していた。ところがエンゲル係数をみると四一・六%（都市勤労者世帯に限ると三八・八%）で、シンガポールを一〇ポイントほど下回り、旧西ドイツの三八・八%に近かった。当時の日本の生活状態は、一人当たりGDPひいては生活水

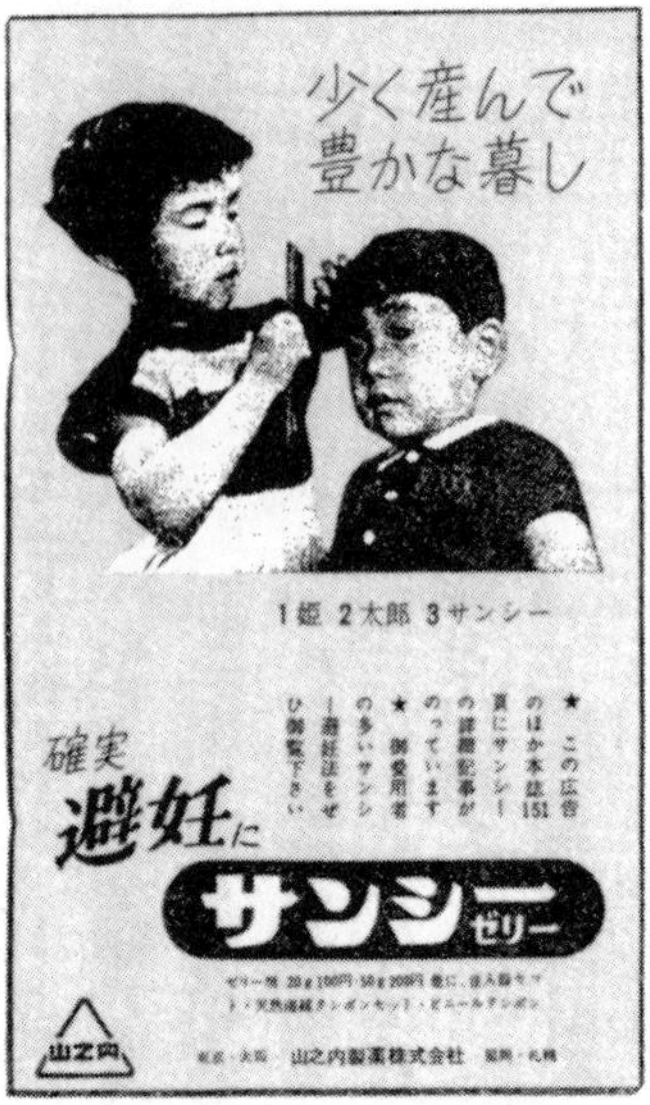

図表5-3　避妊用具の広告
（出典）『主婦の友』1955年2月号付録。

準の割には、エンゲル係数が低く抑えられていたと考えられる。生活変動への速やかな対応が、食物費割合の相対的な低下をもたらし、このような生活姿勢が、少産という課題を生活の内部に引き寄せていたのではないだろうか。

この間の生活意識を直接明らかにすることはできないが、避妊の実行理由によって間接的に推し量ることはできる。毎日新聞社の世論調査によれば、一九五〇年と一九五二年の実行理由は、「経済上の必要」、「子供によい教育」、「母体の健康」の順でそれぞれ四〜三割台を占め（重複回答）、一九五五年から理由の「子供によい教育」がなくなるが、一九五七〜一九六一年は、経済、母体、「生活を楽しむ」の順でほぼ五〜三割台を占めていた。避妊さらには少産の理由が、一方では生活の苦しさと強く結びつき、他方では「子供によい教育」や「生活を楽しむ」と一貫して結びついていたことは注目に値する。

図表5-3は、当時の女性雑誌に掲載された避妊用具の広告である。「少なく生んで豊かな暮し：一姫二太郎三サンシー」というキャッチフレーズは、避妊を実行する女性たちの気持ちと重なっていたのではないだろうか。膨大な中絶をともなう生活対応は、貧困からの脱出だけではなく、「よりよい」生活への志向を合わせ持っていた。生活課題の内部化は、貧困から「よりよい」生活への重心移動をともなって、高度成長の生活条件を形づくったのである。

生活課題の内部化と家族計画

人工妊娠中絶の経験は、家族のあり方や関係にも、はかりしれない影響を及ぼした。優生保護法のもとでの医療技術の行使にほかならない中絶手術は、「母体」をそれまでの「家」から切り離し、女性の身体として浮かび上がらせた。「中絶は女性の悲劇だと思います。あんな恥ずかしい思いをし、中絶の恐ろしさに耐えるなんて」(前掲『婦人公論』一九五五年)。伝達しがたい中絶経験は、家族には収まらない女性の感情や身体感覚を際立たせた。また、中絶における配偶者の同意要件や、日常的な避妊の実行は、それまでの「家長」とは異なった姿を男性に付与し、夫婦の関係を変えていく契機となった。こうして、行政指導や啓蒙活動などとは次元を異にした、すぐれて日常的な場面において現代家族のあり方が手繰り寄せられる。

時期は下るが、すでに家族計画が浸透していた一九八〇年代において、宿澤あぐりは、「中絶」と題する詩を「家族のはじまりに一つの〈死〉があった」と切り出し、「ひとつの〈死〉によって家族を生んだふたりにとって」という逆説的な表現を綴っていた（『現代性教育研究』一九八二年十二月号）。そこでは高度成長を経た八〇年代においても、中絶を包み込んで成り立っている現代家族の姿が、一つの経験としてとどめられていた。

出産のパターンも、一九五〇年代を境に大きく変化した。二十歳台前半から三十歳台後半にかけて五人近くを産むというかつてのライフサイクルが様変わりし、一九六〇〜七〇年代には、二十歳台後半を中心に二人の子供を速やかに産み終えるという出産パターンが形成される。子産み子育て期間の大幅な短縮は、その後の平均寿命の伸長とも相まって、子育て終了後の生涯期間を延長させ、産育に終始してきた女性の生涯イメージを大きく変容させることになる。

理想の子供数、追加希望子供数、現実の子供数（合計特殊出生率で代替）という三者の関係が、やはり一九五〇年代を分水嶺に逆転する事情をみてみよう。一九六〇年前後のデータが欠けているが、図表5－4はその事情を示している。一九四九年、それぞれの子供数は理想、希望、現実の順に三・三、三・八、四・三で、理想は少なく抑えたいが、現実には多くの子供を産んでいた。ところが一九六九年になると、二・八、二・五、二・一と、子供数の理想と現実の関係がまったく逆転し、この関係は現在まで続いている。この逆転現象は、一九五〇年代の膨大な妊娠中絶の経験を抜きには考えられない。

一九四九年の時点では、出生の現実は自然にまかされ、生活もなお混乱のなかで営まれ、その彼方に子供数の理想があった。一九五〇年代、自然な現実は中絶によって激変した。その結果一九六〇年代になると、自然な出生こそ理想ではあるが、変動に対応して「よりよい」生活を営むには、理想としての自然をどこかで

子供数の性格	1949年	1969年	1974年
現　実 （合計特殊出生率）	4.32	2.13	2.05
追加希望	3.8	2.52	2.40 （1976年）
理　想	3.3	2.78	2.62 （1975年）

図表5-4　子ども数の性格別の年次別子ども数
（出典）渡辺吉利「日本における出生意欲について」『人口問題研究』第159号、1981年等より作成。

抑制しなければならなくなった。戦後の現実をよりよく生きるために、出生の自然状態は、現実から理想へと転換されるのである。やがて高度成長下の生活において、理想と現実とのギャップはやむをえないこととして内面化され、家族計画の浸透とも相まって、ギャップの感覚自体が次第に失われていく。

子供数に関する理想と現実のこのような転換が、産児制限から家族計画へ、抑制から選択へ、という出生をめぐる生活意識の転機をもたらした。しかもこの転機は、貧困から豊かさへ、苦しさから享楽へ、という生活変動の転機とも重なっていた。高度成長期における生活変動は、こうしてもたらされるのであるが、一九五〇年代の膨大な中絶経験は、この転機を生活の営みの深部で引き寄せていたのである。

本章でみてきた生活変動の転機は、生活課題をかつてのように外部化するのではなく、生活の内部で処理するメカニズムが生み出されることを意味している。劇的な妊娠中絶の経験、さらに家族計画の内面化は、生活単位のあり方を自らの手で縮小し組織することによって、課題の内部処理を可能にした。生活課題の内部化は、その後の「よりよい」生活にとって欠くことのできない条件となるのである。

参考文献

荻野美穂『「家族計画」への道――近代日本の生殖をめぐる政治』岩波書店、二〇〇八年。

末広敏昭『優生保護法――基礎理論と解説』文久書林、一九八四年。
W.R.ラフルーア『水子――〈中絶〉をめぐる日本文化の底流』青木書店、二〇〇六(一九九二)年。

●第六章

「よりよい」生活と生活単位の縮小
一九六〇年代から九〇年代の自己変容

一九六〇年代から九〇年代にかけての勤労者世帯の生活対応を、主として家計データによって考えてみたい。この時期の生活変動は、勤労者世帯が自らの生活単位の規模を縮小することで、「よりよい」生活を実現するという特徴をもっていた。

実際、男性世帯主の稼ぎで、世帯の実支出を賄えるようになり、二十世紀前半には見受けられたエンゲル法則の逆転現象も、三人以上の子どものいる世帯の特定の局面でしか見出せなくなる。

一九七〇年代からは、労務者と職員世帯の費目別の消費支出も均質化し、「中流意識」が広範に流布した。それぞれの社会階層は、固有の生活様式を形づくるのではなく、「よりよい」生活に向かって自らの生活単位を縮小し組織してきたのである。それは、近代の社会階層の自己変容ともいうべき事態であった。

このような生活対応のなかで、勤労者世帯の既婚女性の生き方も変化しはじめる。それればかりではない。一九七〇年代に入ると出生数は一段と低下し、二十一世紀には人口減少社会を迎える。また生き方の選択幅は、勤労者世帯の枠をこえて拡がり、単独世帯の数が著しく増加する。「よりよい」生活への歩みは、社会や生活のあり方に想像以上の影響を及ぼすことになる。

一．雇用労働者世帯と生活単位の縮小

高度成長期からの雇用労働者の生活

一九六〇年代の「国民生活白書」は、「生活革新」や「消費生活の向上とその平準化傾向」などのサブタイトルで彩られていた。白書が生活革新の進む国民生活として描いていたのは、もっぱら雇用労働者の消費生活であった。実際、近代以降ほぼ一定の水準で推移してきた農家戸数と農家人口は一九六〇年代から急速に減少して、一九九五年にはピーク時の約半数にまで激減する。かつては都市生活を支えてもきた農村家族が衰退し、雇用労働者の生活が量的にも質的にも飛躍的に向上して、国民生活を強力に牽引するのが六〇年代からの生活構図であった。月間現金給与総額は、名目では

一九六〇年の二万四千三百七十五円から一九九〇年には三十七万百六十九円へと、実質賃金指数では三倍以上に上昇して、雇用労働者の生活は歴史的にも未曾有の生活水準の上昇を経験する。

本章では、「家計調査」と「全国消費実態調査」の集計データを使って、雇用労働者家族の生活対応をいくつかの視点から考えたい。ただし「二人以上の世帯」を対象とし、単身世帯は扱わない。また労務作業者の場合、基本的に「常用」の労務作業者を対象とする。

さて「家計調査」によって勤労者世帯の一九四七年から一九九〇年の推移をみると、実質消費水準は、一九四七年から六〇年に倍増し、さらに一九六〇年から七五年にもほぼ倍増して、その後一九九〇年まではおおむね漸増している。エンゲル係数は、一九四七年の六三・〇%から、一九六〇年四一・六%、一九七五年三二・四%、一九九〇年二四・一%と低下している。第V五分位（対象世帯を所得分布によって五等分した場合の最上位層）に対する第I五分位（同じく最下位層）の消費支出の格差をみると、一九六〇年の三三・九%をボトムに、一九七〇年代後半から一九八〇年代までは五〇%前後で推移している。雇用労働者の消費生活に関する限り、その水準、構造、格差において「よりよい」生活が着実に実現されてきたといえよう。

こうして第三章でみたような雇用労働者の生活構造の不安定さ、すなわちエンゲル法則の逆転現象や男性世帯主による家計支持率の低さは、高度成長下の生活変動にともなって安定化に向かうことになる。けれども生活の安定化は、高度成長という環境条件だけで説明できるのだろうか、雇用労働者世帯の側も何らかの生活対応を行っていたのではないだろうか。前章でみた人工妊娠中絶、家族計画の内面化という動きは、一つの示唆を与えてくれる。

結論を先取りすれば、二十世紀後半の家族は、出生児数を急速に減少させ、その規模を縮小することによって、「よりよい」生活に向かって自らを組織してきたのではないだろうか。国家や企業が高度成長期から規模を拡大してきたのとは逆に、個々の世帯はその規模を着実に縮小してきた。その一方で単独世帯を含む世帯総数は、一九六〇年から九〇年代にかけて倍増している。世帯数の激増は、膨大な消費を喚起して、経済成長に寄与したことはいうまでもない。話が広がりすぎたが、ここでは勤労者世帯の生活対応に絞って具体的にみていきたい。

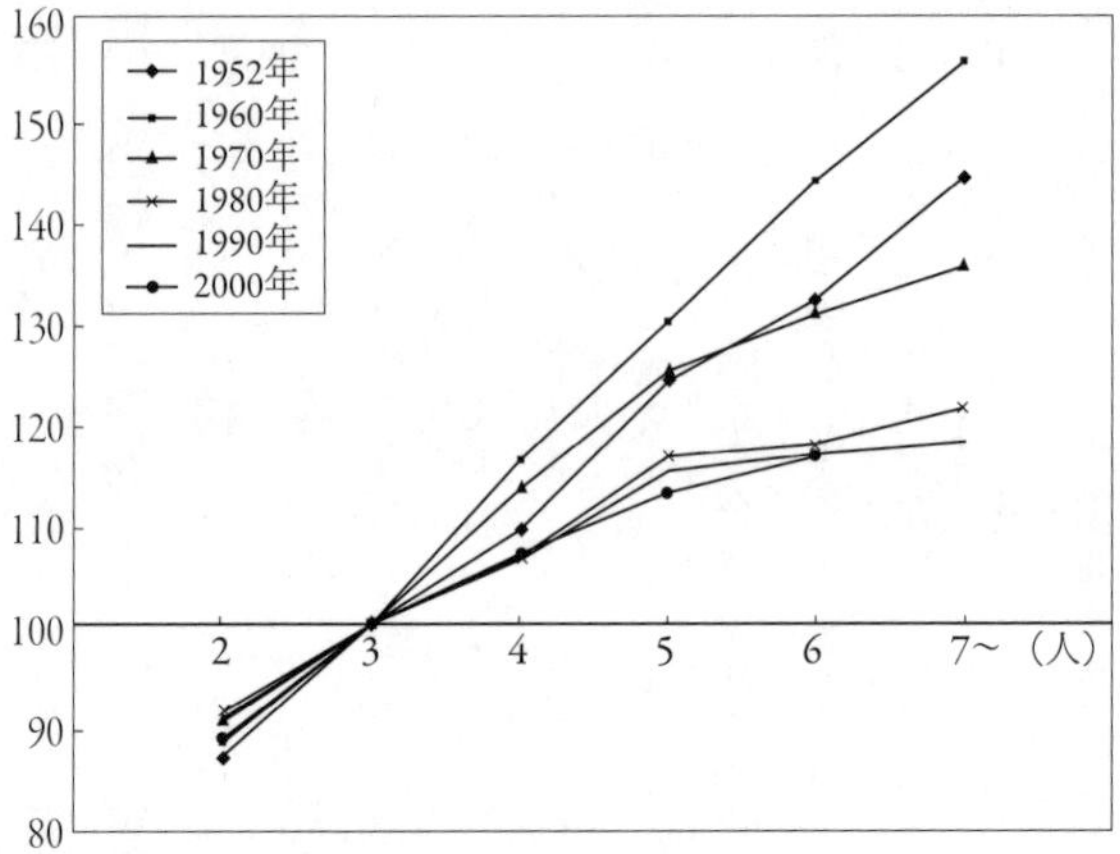

図表6-1　世帯人員別の消費支出の推移：勤労者世帯

（出典）総務庁統計局『家計調査総合報告書　昭和21年～61年』ならびに各年の『家計調査年報』より作成。（備考）3人世帯を100とした指数。2000年の世帯人員については6人以上が一括して集計されている。

生活単位の縮小と男性稼ぎ手家族

勤労者世帯の世帯人員別の消費支出を示したのが図表6－1、同じく実収入を示したのが図表6－2である。世帯人員の増加にともなう消費支出と実収入の伸びは、いずれも一九六〇年から一九八〇年にかけて急速に低下し、その後は五人世帯以上の伸びがほとんど頭打ちとなっている。

まず、消費支出の伸びは、三人世帯を一〇〇とした指数でみると、一九六〇年には七人以上世帯の一五〇台に向かってほぼ直線的に増加している。世帯人員の増加にとも

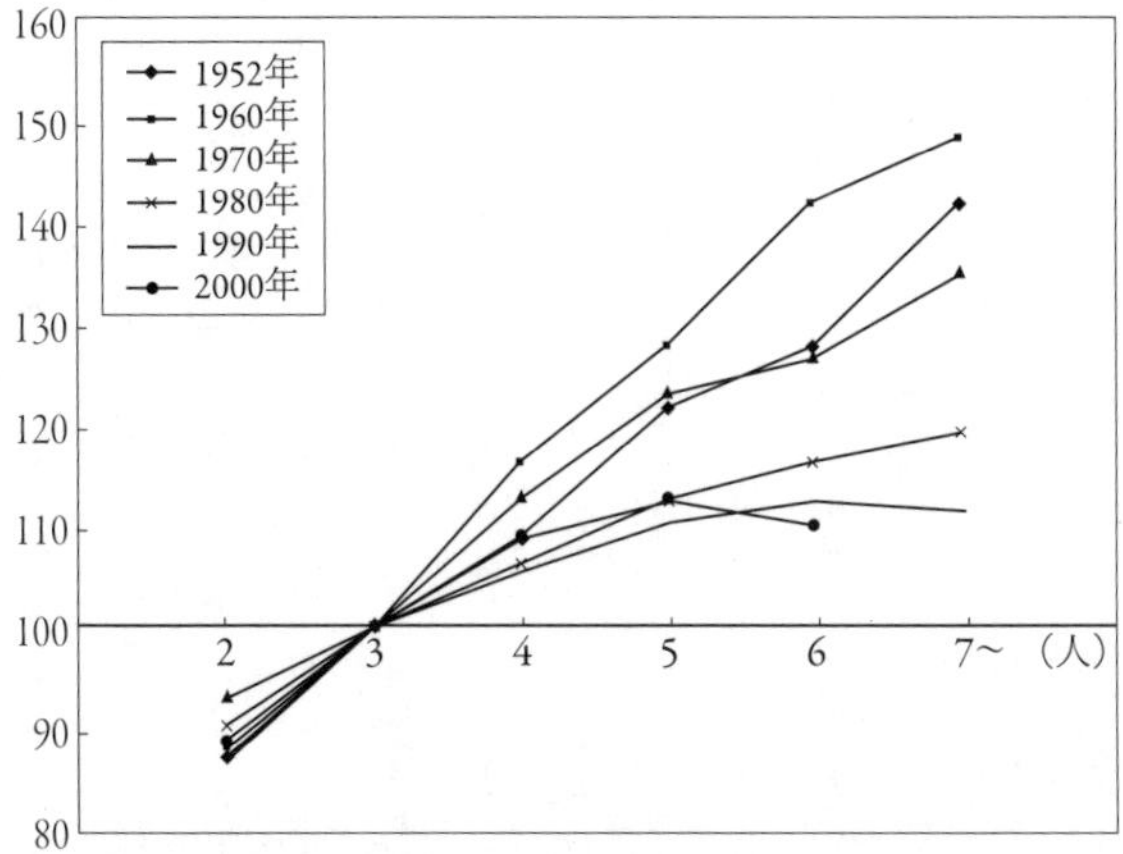

図表6-2　世帯人員別の実収入の推移：勤労者世帯

（出典）総務庁統計局『家計調査総合報告書　昭和21年～61年』ならびに各年の『家計調査年報』より作成。（備考）3人世帯を100とした指数。2000年の世帯人員については6人以上が一括して集計されている。

なって消費支出も確実に上昇していたのである。ところが一九八〇年以降になると、四人世帯以上の伸びが低下し、六人世帯以上の消費支出の伸びは明確ではなくなる。世帯人員の増加にともなう消費支出の伸びは、高度成長期の生活変動を経て、大幅に制約されることになる。同様の傾向は、実収入においても認められ、一九八〇年以降の世帯人員別の伸びは消費支出を下回る指数にとどまっている。

以上の事実は、多人数世帯の家計を子ども中心の多就業で支えることが少なくなり、主として男性世帯主の稼ぎで家計が支えられるようになることを示している。子ども数が増えても、世帯主収入を軸に生活を維持しなければならず、消費支出も実収入も、世帯人員の増加にそれほど感応できなくなる。このことは、世帯人員別の実収入の伸びが期待できない男性世帯主の家計を前提とする限り、比較的小規模世帯であるほど「よりよい」生活が可能となることを意味する。

事実、二人以上を対象とする「家計調査」における勤労者世帯の平均人員は、一九五〇年代前半の四・七人から一九七〇年代には三・八人にまで低下した。この間、非有業人員が三・三人から二・三人に低下しており、勤労者世帯人員の約一人の減少は、すべて非有業人員の減少によるものであった。その後一九八〇年代からも、非有業人員はゆるやかに減少してきている。

図表6-3は、この推移を労務者世帯と職員世帯別に示している。両者の平均世帯人員はほぼ重なって低下しているが、労務者世帯の非有業人員の縮小が明らかであり、一九八〇年代からは有業人員が微増して、九〇年代にはいると有業人員が非有業人員をわずかに上回り、とりわけ労務者世帯での「人員整理」ともいうべき事態の進行がうかがえる。いずれにしても、激烈な生活競争に有利に参入し、生活変動への対応能

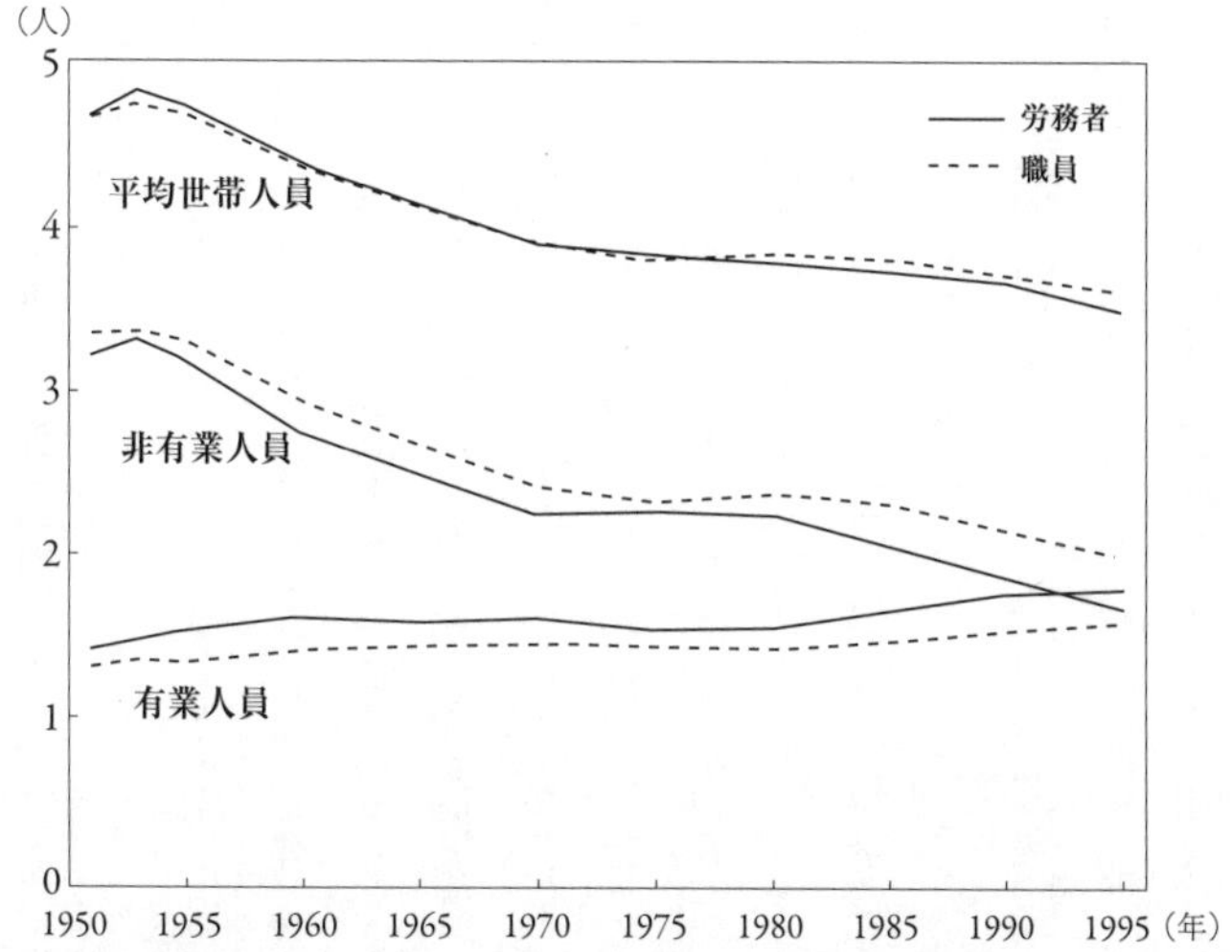

図表6-3　平均世帯人員と非有業・有業人員の推移：労務者と職員世帯別
（出典）総務庁統計局『家計調査総合報告書　昭和21年〜61年』1988年ならびに各年の『家計調査年報』より作成。

力を高めるために、勤労者世帯は、非有業人員を圧縮して生活単位の規模を縮小し、「よりよい」生活に向かって自らを組織してきたのである。

家計支持率とエンゲル法則の動向

生活単位の規模を縮小する対応は、世帯主の収入で家計を支える男性稼ぎ手家族としての条件を形づくることになった。家計の実支出に対する世帯主収入（若干の女性世帯主も含むが）の倍率を、世帯主収入による家計支持率として、その推移をみてみよう。勤労者世帯の家計支持率は、一九五三年の〇・八五から、一九六〇年代にはいると着実に上昇し、六七年に一・〇〇に達して、一九七〇年代には平均一・〇五の山を描き、その後も曲折はあるものの一・〇〇を下回ることなく推移している。

こうして主に男性世帯主収入によって支えられる家計が、日本において初めて勤労者世帯に浸透し、一般化したと考えられる。もし一九七〇年代にかけて非有業人員が一人減少しなければ、家計支持率が一を上回ることもなかったかもしれない。男性稼ぎ手家族としての安定と一般化は、高度成長期からの生活水準の向上とともに、自らの規模を縮小するという勤労者家族の生活対応によって可能になったのではないだろうか。

二十世紀前半にはたびたび観察されたエンゲル法則の逆転現象は、生活水準が上昇し、消費構造も高度化し続けるなかで、一つの社会階層全体にわたる家計現象としては、見出せなくなる。おそらく唯一観察されたのは、一九六五〜六六年の川崎市と北会津の家計調査結果においてであった。そこでは、三人以上子どもがいる世帯で、末子が小学校高学年になった段階で、教育関係費の増大によって、飲食物費が割合、実質額ともに「圧迫」されていた（中鉢正美編『家族周期と児童養育費』）。

エンゲル法則の逆転現象は、戦後直後のように低所得層全般ではなく、三人以上子どもを持つ世帯の特定の生活周期段階でしか見出せなくなる。こうして生活構造の抵抗現象は、近代への過剰な対応にともなう一般的な困難としてではなく、三人以上の「多子世帯」という形で、限られた特定の現象として理解されることになる。このことは、当時の勤労者世帯の生活実態としても、子どもは二人以下という標準化が進行していたことを物語っている。

ちなみに、生活扶助基準額のモデルとなる標準世帯は、それまでの三子五人世帯から、すでに一九六一年には二子四人世帯に変更されていた。また、ようやく一九七一年に制定された児童手当法は、第一子からではなく、第三子以降の児童を対象として翌年から実施された。当初の児童手当が、普遍的な養育支援というより、三子以上の「多子世帯」――飲食物費の「圧迫」――生活の困難という文脈で、貧困政策と結びつけられていたことも示唆的である。

二. 消費社会を引き寄せる――社会階層の自己変容――

消費支出の階層的な均質化

ここでは視点を変えて、社会階層別の費目別支出の動きを検討してみたい。各年の

「全国消費実態調査」によって、労務者世帯と職員世帯の比較を中心に取り上げる。まず、生活水準が戦前復帰したとされる一九五五年の労務者と職員の世帯の費目別支出を、食料費、住居費（家具・家事用品を含む）、被服費、雑費（保健医療、交通・通信、教育、教養娯楽、その他）の四つの費目について示したのが図表6－4である。光熱・水道費は図示していない。この図のねらいは、実支出の伸びにしたがって、それぞれの費目別支出の拡張線が傾向的に異なるか否かで、社会階層間の消費支出の差異を判断しようとするものである。それによると、労務者世帯では食料費が、職員世帯では雑費が傾向的に上回っており、戦前ほど顕著ではないが、一九五五年の両者の間には消費支出の差異が認められる。このような差異は、その開差を縮小しながらも一九六〇年代半ばまでは維持された。

ところが一九六九年以降になると均質化の傾向が認められる。もちろん消費支出の均質化の背景には、戦前とは異なる新たな条件が存在した。一つは、工員と職員として区別されていた経営内部の地位が「社員」として一括され、さまざまな労働条件の相違が大幅に緩和された。二つは、東京でいえば下町と山の手などの形で階層別に住み分けられてきた都市地域が、戦災と高度成長期の郊外化によって急速に変貌した。

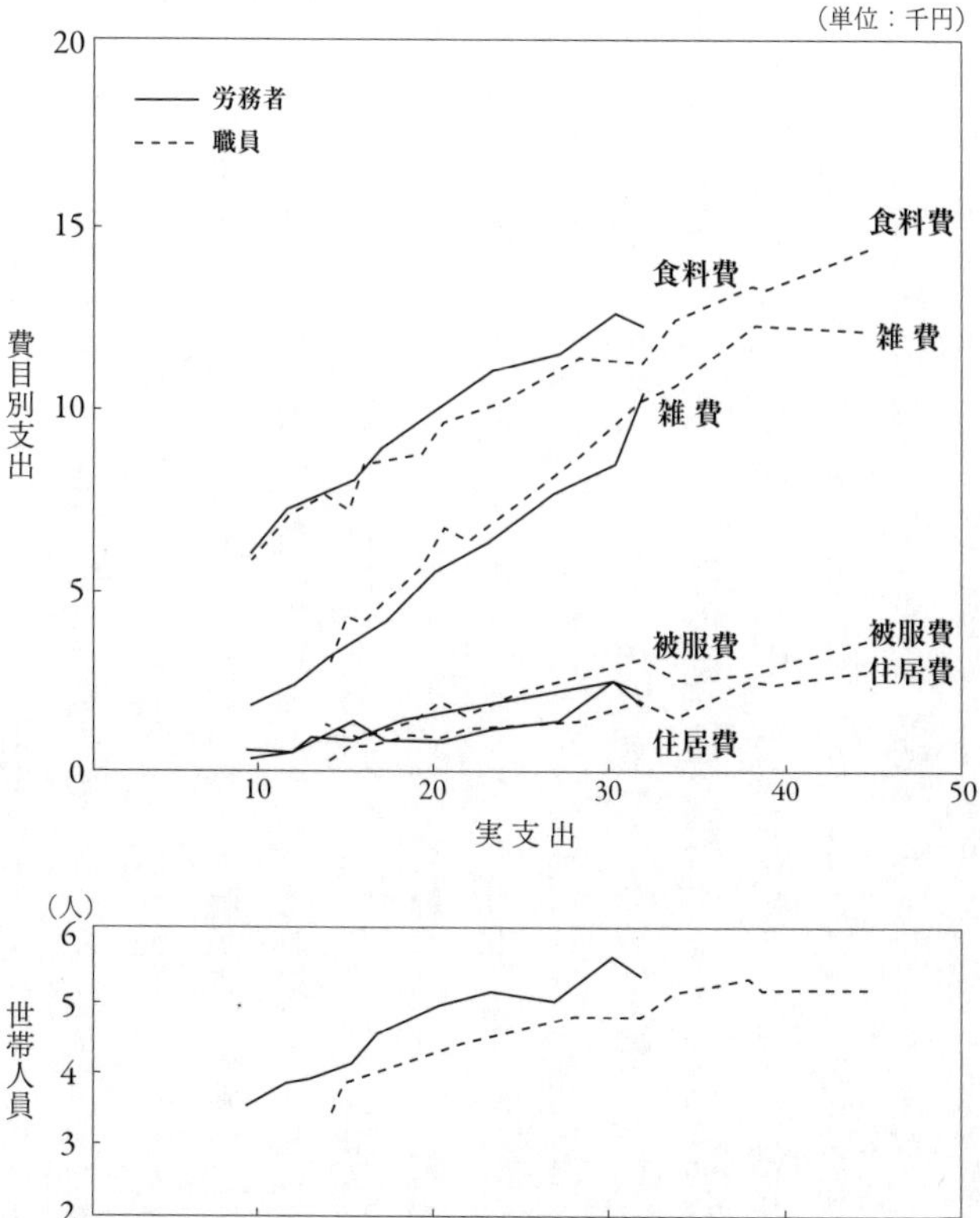

図表6-4 労務者と職員世帯の費目別支出と世帯人員：1955年
（出典）総理府統計局『家計調査年報　昭和30年』1956年より作成。

三つは、大量生産と大量消費にもとづく消費社会の出現は、階層固有の消費様式を時間的な差異に解消し、階層横断的な消費行動を促した。職場と地域と消費における条件の変化は、かつてない消費支出の均質化と生活変動をもたらしたのである。

さて図表6-5は、一九六九年の常用労務者と職員世帯の費目別支出図である。上位の実支出層では住居費が乖離しているものの、それ以外の点では両者の支出拡張線はほとんど重なっている。さらに一九七四年以降になると、常用労務(作業)者と職員世帯の支出拡張線は、住居費を含めて各費目とも驚くほど一致した形状のまま推移する。また非消費支出の拡張線も重なってくる。一九七〇年代からは、両者の実支出項目別の拡張線には、傾向的な差異がほとんど認められなくなる。

消費支出の均質化傾向は、人々の生活意識にも大きな影響を及ぼした。「国民生活に関する世論調査」によって生活程度の帰属意識をみると、高度成長の初め、「下」が一七%、「中の下」が三二%、「中の中」が三七%であったのに対して、一九七三年からの七年間は、「下」と「中の下」がそれぞれ五%台と二〇%台前半に低下し、「中の中」が六〇%前後にまで上昇する。この結果、「中の上」を含む「中」意識は九〇%余りのピークを維持し、「中流意識」や「中流社会」という言説が流布した。「中流意

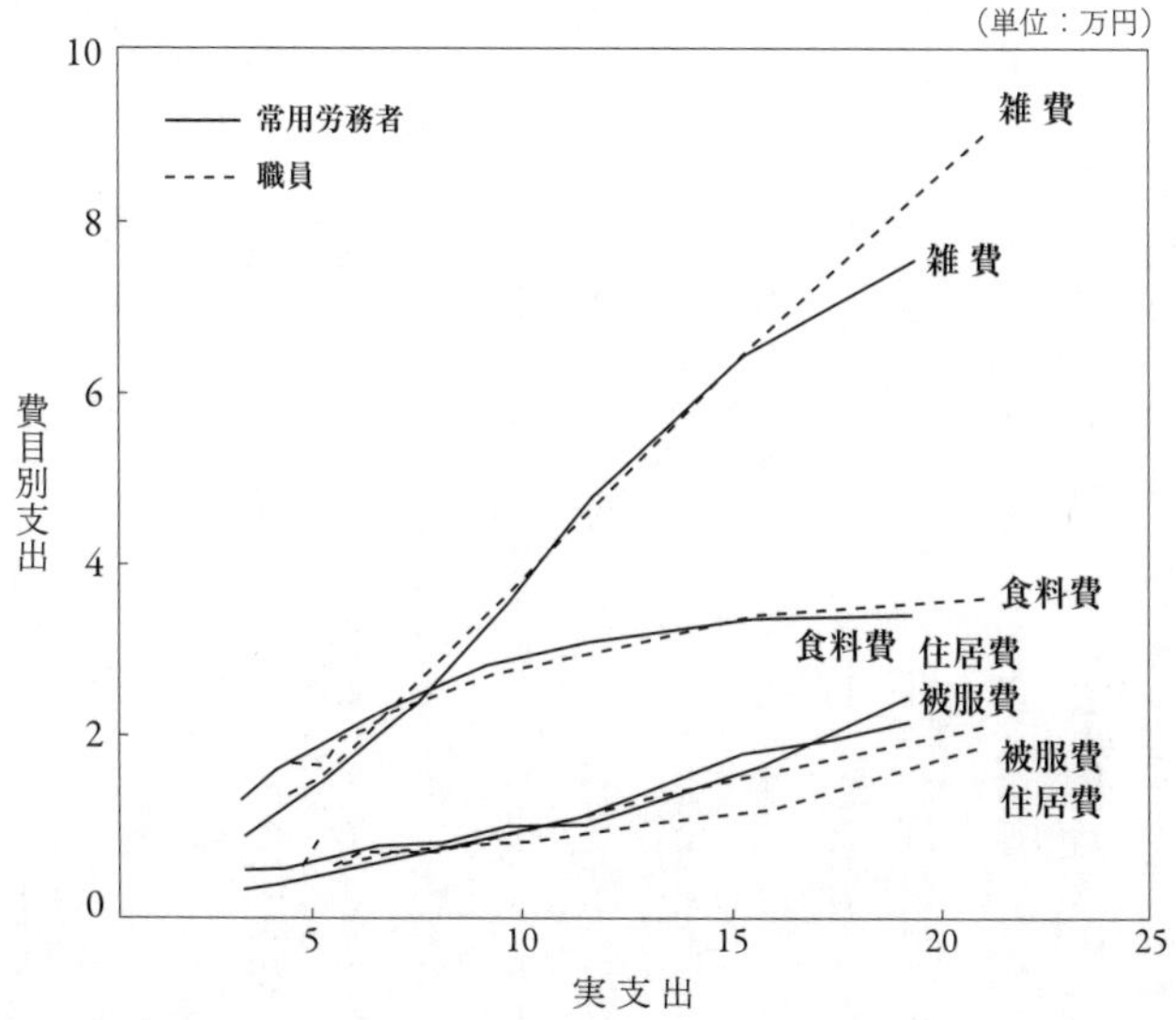

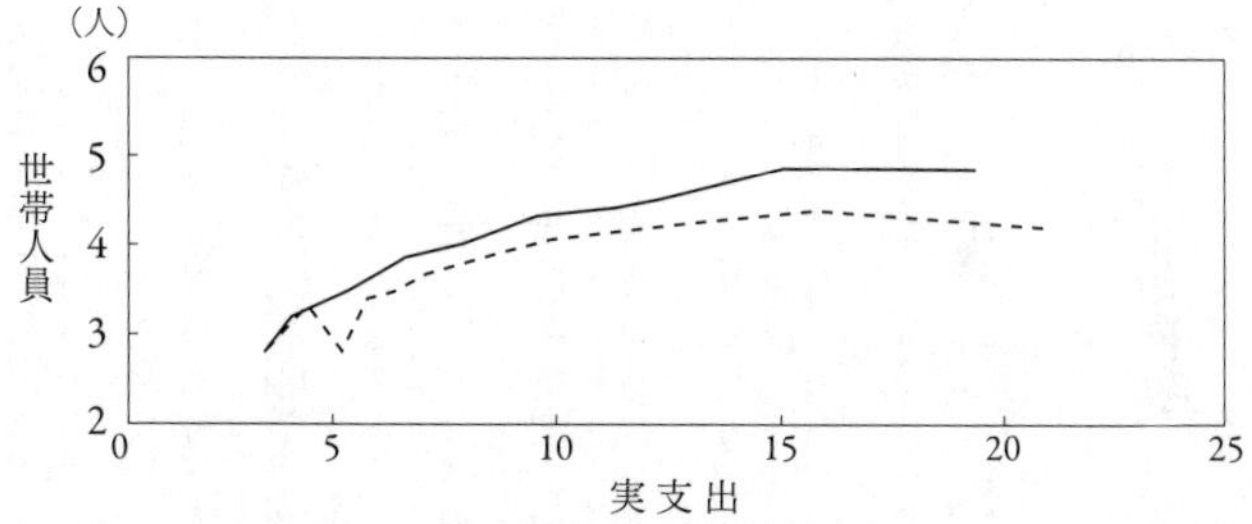

図表6-5　常用労務者と職員世帯の費目別支出と世帯人員：1969年
（出典）総理府統計局『昭和44年　全国消費実態調査報告　第1巻』1971年より作成。

識」や「中流社会」には、貧困からの脱出と消費支出の均質化などの生活経験が実態以上に込められていたのかもしれない。

なお図示はしなかったが、一九八〇年のイギリスの熟練労働者と専門・技術職世帯の費目別支出拡張線を描くと、食料費と住居費において傾向的な開差が認められ、それは戦前日本の工場労働者と職員世帯の開差に類似していた。

一九八〇年代半ばからは、所得格差が次第に拡大傾向に転じて、非正規雇用が増加しはじめ、単独世帯の増加も問題化する。しかしながら正規雇用で二人以上世帯を構成する限り、階層間の消費支出の均質化傾向は続いた。図表6-6は、一九九四年の常用労務作業者と民間職員世帯の支出拡張線を示している。それによれば、両者の四つの費目別支出拡張線はほとんど一致している。このような傾向は、二十一世紀にはいっても続いている（ただし二十世紀末から雑費の教養娯楽費と教育費には若干の開差が認められる）。なお、実支出の増加にともなう世帯人員の開差も、一九五五年から六九年、九四年と次第に縮小していることも確認できよう。

常用労務（作業）者と職員世帯との消費支出における均質化傾向は、二十一世紀の初めにいたる約四十年間、基本的には維持されてきた。「よりよい」生活に向かっての階

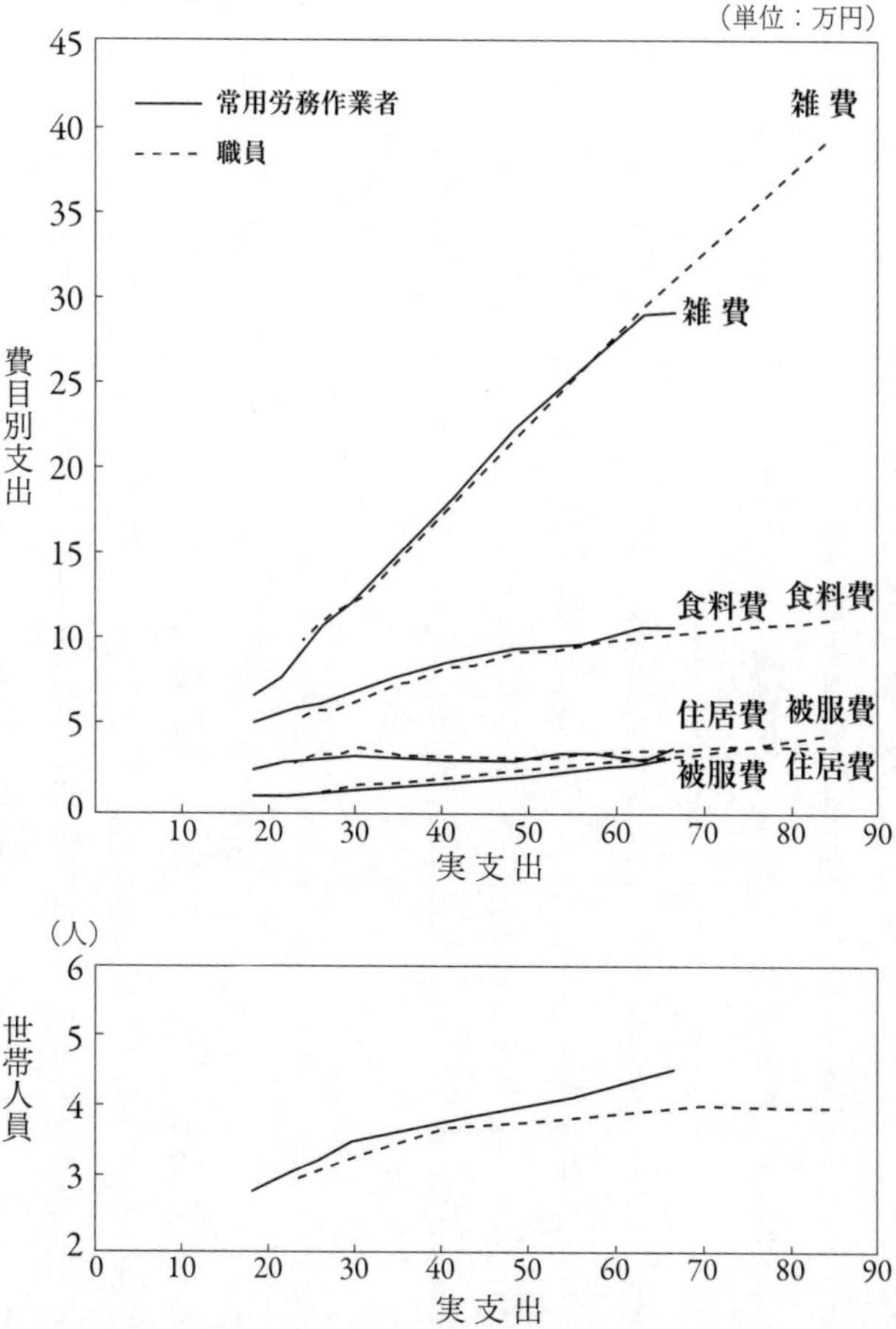

図表6-6 常用労務作業者と職員世帯の費目別支出と世帯人員：1994年
（出典）総務庁統計局『平成6年　全国消費実態調査報告　第1巻』1996年より作成。

層を横断する生活対応は、消費における差異を構造化するのではなく、むしろ階層間の均質化傾向を目指してきた。二十世紀後半の社会階層は、固有の生活様式や文化を形成するのではなく、自らの生活をそこから脱すべき状態として受け止め、激しい生活競争をへて消費の均質化を実現した。戦前の「下層社会」から「中流社会」への生活変動は、このようにしてもたらされたのである。

労働者階層の自己変容

この時期に経験された生活変動が、それぞれの階層固有の生活の再生産ではないとすれば、社会階層はどのような変化を経験したのであろうか。それは、すでにみてきた生活単位を縮小し標準化する生活対応にほかならなかった。目指される「よりよい」生活は、もはや階層としての自己実現をとおりすぎて、絶えざる生活変動の前方に見出される。

「よりよい」生活に向かう生活単位の組織化は、古典的な労働者階層の世帯において顕著であった。勤労者世帯の平均人員とりわけ非有業人員の縮小はすでにみたとおりである。この傾向は職員世帯よりも労務者世帯において顕著であり、一九九〇年代にはいると、労務者世帯の非有業人員は有業人員を下回る。戦前から一貫して新中間層を上回っていた工場労働者の平均世帯人員は、非有業人員の減少によって、一九六〇年代からは職員世帯と重なり、八〇年代からは労働者が職員世帯をわずかではあるが下回っている。

労働者と職員世帯の消費支出の均質化は、前者が後者を上回る世帯規模の縮小を行うことによって実現されたと考えられる。このような事情は、出生児数についても確かめることができる。戦前には新中間層はもちろん都市自営層をも上回っていた工場労働者の出生児数は、戦後において顕著に減少した。そのため一九七〇年代からの「工場などの現場労働」の完結出生児数（結婚持続期間十五〜十九年夫婦の平均出生子ども数）は、「管理・事務など」の職員層をわずかに上回るものの、ほとんど同じ水準で推移してきた（「出生動向基本調査」）。また一九七〇年代からの標準化出生率をみると、「生産工程・労務職」が職業別には最も低い値を示してきた（「人口動態職業・産業別統計」）。

以上のように労働者階層は、世帯規模においても出生データにおいても、階層的な位置関係を最も大きく変容させてきた。もし労働者が近代の社会階層の典型的な特徴を体現しているとすれば、このような自己変容、生活単位の急激な縮小によってであった。かつて労働者は、財産を持たないがゆえに、子孫（プロレス）によって社会的地位を獲得せざるをえない存在（プロレタリアート）といわれた。戦前のデータは実際、そのことと整合的であった。けれども労働者自身が、「よりよい」生活に向かう営みにおいて、その原義を逸脱してしまった。それは、労働者階層の自己実現ではなく、自らの手で生活単位の規模を限定し組織する、労働者階層の自己変容であるといえるのではないだろうか。

もちろん、労働者に典型的に現れた自己変容は、新中間層を含む他の社会階層にも広範に浸透した。急速な生活変動に対応するために、近代の社会階層は、「よりよい」生活に向かって自らの生活単位を縮小し組織してきたのである。

社会システムの自己創出か、生活単位の自己変容か

生活の営みにおいて消費社会が引き寄せられる、という以上のような理解に対して、社会システムが消費社会を創出する、と理解されることが多い。代表的な見解として見田宗介の『現代社会の理論』を取り上げよう。見田は、「消費社会としての資本制システムが存立することの前提は、（中略）〈欲望の自由な形式〉である」として、以下の

ように述べている。「古典的な資本制システムの矛盾――需要の有限性と供給能力の無限拡大する運動との間の矛盾、（中略）――この基本矛盾を、資本のシステム自体による需要の無限の自己創出という仕方で解決し、のりこえてしまう形式が、〈情報化／消費化社会〉にほかならなかった。」見田の見解では、システムによる「需要の無限の自己創出」という形で、矛盾の解決が〈社会〉に委ねられてしまう。社会に深く組み込まれていることは確かであるが、生活を営む側からの理解の道筋は、いつまでも閉ざされてしまう。

ここでは、消費社会を引き寄せ享受する側の、労働者に典型的に表れたような生活対応に注目してきた。生活課題を内部化し、自らの手で生活単位を縮小し消費の高度化を図ることによって、「需要の自己創出」が図られてきたのではないだろうか。二十世紀後半の生活変動は、「よりよい」生活に向かっての自己変容をとおして、いわば構造抵抗なき生活の高度化を、あえていえば「無限の欲望」を可能にしてきたと考えられる。

けれども同時に、生活単位の規模と再生産を縮小することによって、「よりよい」生活を享受する人々が「無限に増殖」することを自己限定してきたことも事実である。このような生活対応の積み重ねによって、やがて二十一世紀にはいると趨勢的な人口減少局面に直面することになる。

三　雇用労働者家族の既婚女性――生き方の選択幅――

ところで、勤労者世帯の男性稼ぎ手家計が安定化するとともに、就業における戦前の極端な性別役割分業は、さらに進展したのであろうか。答えは否であり、都市の動きは全く逆の様相を呈する。

都市における女性の年齢別就業率

農村部を含む全国の女性の就業率は一九七五年に底を打ってはいるが、第三章でみたように、東京都や大阪府に代表される都市の女性の就業率は、一九五〇年代からほぼ一貫して上昇してきている。この様子を東京都について年齢別に示したのが図表6-7である。一九五五年においては、なお二十世紀前半のL字型に近い形状を描いていた。けれどもその後の女性の就業率は、四十歳台から五十歳台を中心に、二十五～二十九歳以上のすべての年齢層で着実に高まっている。この様子は大阪府の場合も変わらない。既婚年齢層の女性の就業率は、一九五五年から一九九五年にかけて、六十五歳未満のすべての年齢層で二〇%から三〇%程度上昇し、一九八五年からは全国のM

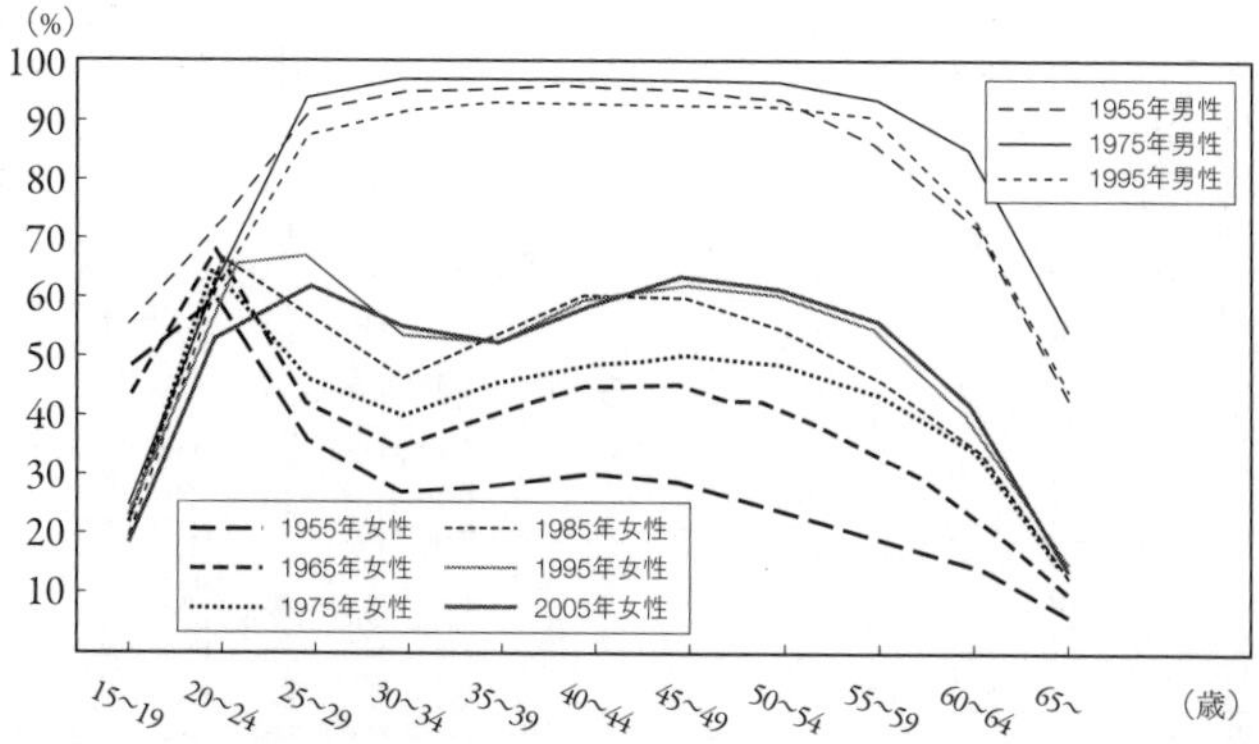

図表6-7　東京都の年齢別就業率の推移：1955〜2005年
（出典）各年の『国勢調査報告』より作成。

字型に近い形状を示すようになる。戦前の都市にみられた極端な性別役割分業は、明らかに揺らいできたのである。

男性稼ぎ手による家計支持率が一九五〇年代から七〇年代にかけて上昇するにもかかわらず、都市の既婚女性の就業率が上昇し続けていることは、家計上の不足や困難によっては説明しにくい。また戦後直後からの就業率の上昇は、女性の高学歴化による説明では時期が早すぎる。戦争による女性の労働力化は無視できない要因であるが、ここでは、生活時間とライフサイクルの変化に注目したい。

「主婦」の生活時間とライフコース

職業を持たない既婚女性が家事や育児に費

やす時間は、一九六〇年から大きくは変化せず、一九八五年には平日で七時間二十九分であった。主婦役割として使われる時間は、戦前と比べると約三時間（ほぼ裁縫時間に該当）も減少したため、男性世帯主が仕事と通勤に使う時間を大幅に下回った（NHK世論調査部『日本人の生活時間　1985』日本放送出版協会、一九八六年）。高度成長期からの家族生活において、主婦は「再生産労働だけで一日が飽和しないだけの時間的余裕をもつようになった」、「現代主婦は主婦のままで就労することが可能になった」（瀬地山角『東アジアの家父長制』）といわれる状況が出現した。もちろん就業の可能性にすぎず、直ちに実現するわけではない。

既婚女性の就業を可能にした大きな要因は、一九六〇年代以降に増加して、今日の女性雇用者全体の四割以上を占めるパートタイムという雇用形態であった。そのため、勤労者家計の収入平均では、他の世帯員（主に子ども）に代わって、配偶者の収入割合が増加してくるものの、実収入に占める世帯主収入の割合はほとんど変わらず、配偶者の家計上の貢献はなお限られていた。けれども、パート労働によって既婚女性の就業率が上昇したことは、日々の時間配分の変更と労働参加の経験をとおして、かつてのような過剰な性別役割分業を見直す契機となったことは確かであった。

女性の平均的なライフコースの変化も、この見直しを後押しした。出生児数の激減と平均寿命の伸びは、子育てに終始して働き詰めで終末期を迎えるという、かつてのパターンに大きな変化をもたらした。戦後に結婚した女性世代のライフコースでは、子育て終了（末子高卒）後に約三十年もの期間が残されるからである。このため、女性の生き方の選択幅が格段に拡がり、これまでの女性と男性の家庭内での役割分担があらためて調整されることになる。

四.「よりよい」生活からの離脱 ――「国民生活白書」の終焉 ――

冒頭でみたように一九六〇年代の「国民生活白書」は、雇用労働者の生活を国民生活とみなし、その「生活革新」や「消費生活の向上」を描いていた。そこでは生活の内容がほとんど消費生活に重ねられていた。ところが一九七〇年代から一九九五年にかけては、白書で取り上げられるテーマが消費から拡散して、サブタイトルには「豊かな」という修飾語が多用されるようになる。そして「豊かな」と修飾されるテーマには、七〇年の環境から、社会、地域、家族、交流、そして九五年の生き方など、実に多様なテーマが取り上げられる。

本章で用いた「よりよい」生活は、曖昧で気の利かない言葉であるが、白書と同じように、高度成長期はもっぱら消費生活を意味して、高度成長の終焉からは、環境から生き方にまで意味内容を拡げたり転換したりすることが可能である。

さらに「よりよい」生活は、一九五〇年代の貧困からの脱出過程も含意することができる。六〇年代の消費生活はともかくとして、七〇年代からの「よりよい」生活の内容については、生活実感としても多様な参照軸が想定されるのではないだろうか。白書のテーマ以外にも仕事、余暇、健康、住宅などの参照軸が混在し、「よりよい」生活の内容は階層や時期によって姿を変え、共通のテーマに絞ることができなくなる。五〇年代からの生活変動の多様な経験を視野にいれると、「よりよい」生活と表現するしかなくなるのである。

戦後日本の社会階層は、差異を構造化するのではなく均質化しながら、「よりよい」生活を目指してきた。階層固有の生活様式を形づくるのではなく、自らの今ある生活を乗り越えるべき状態として受け止め、たえず「よりよい」生活を目指してきた。したがって生活変動における参照基準は、以前と比べて現在の生活がよくなったという実感に求めるしかなくなるのである。そこに「よりよい」生活という言葉が重ねられてきたことも見逃せない。

第四章でみた生活改善同盟会の活動を思いおこしてみよう。同盟会は、生活様式の欧米化を目指して、「中流階級」を担い手とした衣食住の生活改善を試みたが、やがて頓挫した。その後半世紀以上を経て、同盟会の改善事項のほとんどは、想像以上の多様化と高度化として現出した（「中流住宅」は実現されなかったが）。けれども、担い手と目された「中流階級」は形成される兆しすらなかった。その一方で一九七〇年代には「中流意識」におおわれたが、「中流意識」は判然とした社会階層を生み出すことがなかった。中流をめぐる意識と現実は、長きにわたって交差することなく、すれ違ってきたのである。

二十世紀末から二十一世紀初めにかけての「国民生活白書」は、国民生活全体という括りから離れて、「働く女性」、「中年」、「若年フリーター」、「子育て世代」などの特定の対象を取り上げることが多くなり、二〇〇八年版を最後に実質的に休刊となる。そして二〇〇三年からは並行して、「暮らしと社会」シリーズとして男女共同参画、青少年、高齢社会、障害者さらに少子化社会の五つの白書が内閣府から刊行され始める。「国民生活白書」の休刊とテーマ別白書の刊行は、二十一世紀の生活構図が、国民生活という枠組みでは十分把握できなくなったことの表明であった。

本章の文脈でいえば、勤労者世帯を中心とした自己変容がほとんど限界に達することで、二十一世紀にはいると新たな生活課題に直面する。マクロには、未曾有の少子化と高齢化とともに人口減少社会を迎える。ミクロには、生活困窮者などへの支援に加えて、子育てや高齢者介護などのケアがあらためて個別的な生活支援の課題となる。

しかも新たな課題は、高い経済成長や生活水準の上昇が期待できない条件のもとで引きおこされるのである。「よりよい」生活を目指すだけの生き方を続けることは、もはやできなくなるのではないだろうか。

参考文献

瀬地山角『東アジアの家父長制——ジェンダーの比較社会学』勁草書房、一九九六年。

中鉢正美編『家族周期と児童養育費』至誠堂、一九七〇年。

中鉢正美『現代日本の生活体系』ミネルヴァ書房、一九七五年。

中川清『日本都市の生活変動』勁草書房、二〇〇〇年。

見田宗介『現代社会の理論——情報化・消費化社会の現在と未来』岩波新書、一九九六年。

◉第七章

多元化する現代の貧困
一九九〇年代以降の貧困問題の拡がり

本章からの三つの章では、現在直面している生活問題や課題を取り上げる。まず現代の貧困問題である。

二十世紀末から二十一世紀にかけて、貧困をめぐる社会構図は大きく変化する。高齢単身世帯、ひとり親世帯、心身に障がいや不安を抱える世帯、困難に直面する若者など。現代の貧困は、所得に欠ける状態にとどまらず、多様性や個別性を帯びて、社会関係からの孤立や排除とも深く関わってくる。貧困の多元化ともいうべき事態は、社会生活における家族のあり方や雇用環境の変化とも無関係ではない。

貧困の捉え方も、「貧しさ」にとどまらず「生きにくさ」が注目され、貧困概念も、相対的剝奪や社会的排除の新たな議論によって拡大される。

ここでは、多元化する貧困の特徴と、貧困の捉え方の変化を、現代の社会生活との関係であらためて考えたい。さらに、貧困へのパーソナルな生活支援の可能性も探りたい。

一．貧困をめぐる社会構図の転換

貧困状態と標準的な社会生活との関係が安定している場合、貧困は社会生活の下位に位置したり、社会生活から遅れたり逸脱したりする関係としてとらえることができた。両者の関係に変化が生じるのは、社会生活のモデルが揺らぎ始める一九八〇年代からで、関係構図の変化が決定的になるのは、二十世紀末からのことであった。

人生行路の多様な選択が可能になることで、リスク要因は生涯の諸局面に拡大し、社会生活のモデルの揺らぎが貧困問題と切り離せなくなる。現代の貧困は、生活モデルの揺らぎが生み出す課題と重ねられ、社会生活が直面する広範なリスクと関係づけられる。貧困問題は、近代の生活モデルの達成によって解消するのではなく、その先の生活モデルの揺らぎの延長に姿を現すのである。貧困をめぐる社会構図の転換といえよう。

貧困の近代構図

一九七〇年代までの貧困はおおむね、社会階層の下方に位置する階層、あるいは生活変動に取り残された集団として把握されていた。このような貧困の捉え方は、貧困の近代構図ということができ、いくつかの特徴を備えていた。

一つは、貧困が社会生活との相対的な比較において、所得という一元的な尺度で捉えられることである。とりわけ戦後の日本では、生活保護基準が精緻化され、基準以下の生活状態に関心が注がれることで、貧困問題が、生活保護の最低生活費保障をめぐる議論に集中してきた印象がぬぐえない。

二つは、貧困が、集合的な現象あるいは社会的な階層として捉えられたことである。所得と職業に焦点を絞った低所得層と不安定就業層という概念は、当時の社会階層論はもとよりいくつかの言説レベルで今日まで流布している。そこでは、貧困生活内部の差異や個別性にはほとんど関心が払われず、むしろ低所得層や不安定就業層それぞれの共通性に関心が注がれた。

三つは、貧困からの脱出に際して、標準的な社会生活のモデルが目指されていたことである。この生活モデルは、安定した雇用労働に就き核家族を形成するものであったが、右肩上がりの生活状況にあっては、貧困状態にある世帯も混乱や欠乏から脱出することが可能であった。貧困世帯が生活を組み立てる能力をなお保持していたからである。このことは、所得保障中心の貧困政策が一定に機能することを意味していた。

貧困現象の拡大と多元化

一九八〇年代に入ると、経済格差が拡大しはじめ、一九九五年からは、それまで減少してきた生活保護の受給者数が、一転して増加しはじめる。右肩上がりであった生活状況も、一九九〇年代に入ると、明らかに頭打ちとなり、低迷期を迎える。貧困をめぐる社会環境が大きく変化するのである。このため貧困にいたる原因が多様化し、貧困からの脱出にも複合的な要因が考慮されねばならなくなる。

貧困のあり方が変貌する様子を明確にしたのは、二十一世紀初めの貧困調査や貧困研究であった。そこでは、ホームレスやネットカフェ難民、フリーターやニート、子どもや高齢者、ワーキングプアや外国人労働者など、これまで個別には取り上げられることが少なかった貧困問題の様相が、事例調査も交えて詳細に記述された。現代の貧困は、実に多様な広がりと課題を持つことが示されたのである。

こうして貧困の捉え方は、低所得層という近代構図から転換することになる。

一つは、所得が不足する状態という一元的な把握から転換する。後述する相対的剝奪や社会的排除に示されるように、所得以外の多様な指標が用いられ、とりわけ社会関係や社会参加のあり方が重要な課題となる。

二つは、貧困把握の関心が集団や階層から、それらの内部の個別的な性格に向けられる。貧困の個別的な把握は、個々の生活事例や個人生活史にもおよび、当事者の生活経験にそくした理解と支援が課題となる。

三つは、貧困の生活状態にとどまらず、日常の生活能力や変動への対応能力にも関心が注がれる。そこでは、当事者が自らの生活を維持し組み立てる生活能力とその支援が課題となる。

最後に、多様な広がりと課題をもつ貧困は、それぞれ異なった生活構造を有している。そのため貧困からの脱出には、標準的な社会生活モデルを目指すだけではなく、当事者の問題状況にそくした生活目標と個別的な生活支援が求められる。

以上を合わせて、ここでは貧困の多元化と言い表しておきたい。抽象的な話が続いたので、貧困の多元化についての具体例を二つあげたい。

生活保護受給世帯の性格変化

生活保護を受給している世帯の性格の変化にも、貧困の多元化の兆しを読み取ることができる。保護受給世帯も社会構図の転換から免れないのである。一九六〇年頃と二〇〇〇年の生活保護の動向を対比しながら考えてみたい。

二〇〇〇年の保護受給世帯の特徴をみると、一人世帯が七三・五％を占め、二人世帯を合わせると九〇％に達しており、平均世帯人員は約一・四人で、普通世帯のほぼ半分の規模である。世帯類型別では高齢者世帯が四五・五％、傷病・障害者世帯が三八・七％と特定の類型に集中し、両者で八〇％以上を占め、しかも非稼動世帯が八八・〇％に達している。生活保護は世帯単位を原則としているが、現実には一人世帯がほとんどで、家族的世帯はすでに保護の主流ではなくなっている。

この事情は、一九六〇年頃とは対照的である。当時、一人世帯は三五・一％にとどまり、三人以上世帯が五〇・二％で、年齢別の保護受給人員でも、十九歳以下が四六・五％であり、保護受給世帯の大半が家族的世帯で占められていた。また保護の受給期間は、五〇％以上が三年未満で、保護の廃止理由でも、合わせて五〇％をこえる傷病の治癒や稼働収入増がそれなりに機能していた。保護からの自立が、家族的世帯を中心に確かな可能性として存在していたのである。

二〇〇〇年の状況にもどると、受給期間の五〇%以上が五年以上であり、「その他」を除く廃止理由の第一位が死亡・失踪で三〇%以上を占めている。一人世帯を中心とする非稼動の保護受給世帯が深い貧困状態に陥っているといわざるを得ない。十九世紀の恤救規則は、家族が解体した「独身」者のみを救助の対象としていたが、二〇〇〇年の生活保護も、この限りでは似かよった実施状況に近づいている。しかも、かつては集住地区の濃密な共同性に依存できたのに対して、今日の保護受給世帯は多くの場合、社会関係からの孤立や排除に直面しているのではないだろうか。

「社会的な援護を要する人々」

二〇〇〇年に発表された『「社会的な援護を要する人々に対する社会福祉のあり方に関する検討会」報告書』は、社会福祉の視点から貧困の多元化の様相を端的に表している。そこでは、これまでの「貧困」軸の対極に「心身の障害・不安」が取り上げられ、他方で現代社会の問題として「社会的排除や摩擦」と「社会的孤立や孤独」の軸が設定される。その全体的な問題構図は図表7-1のように示され、それぞれの関係

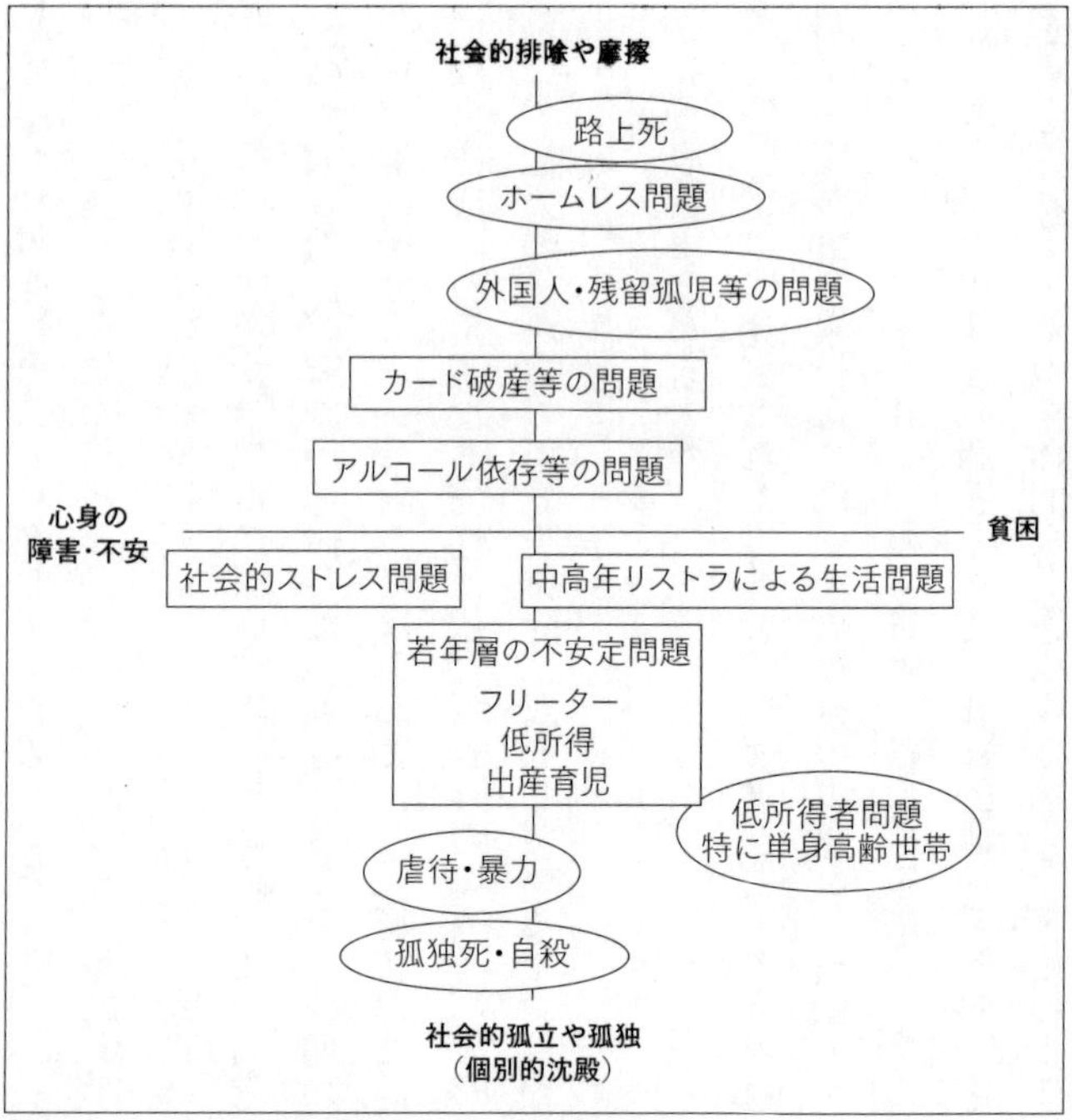

図表7-1　「社会的な援護を要する人々」の問題構図
（出典）『「社会的な援護を要する人々に対する社会福祉のあり方に関する検討会」報告書』2000年。

が、以下のように列挙される。

・急激な経済社会の変化に伴って、社会不安やストレス、ひきこもりや虐待など社会関係上の障害、あるいは虚無感などが増大する。

・貧困や低所得など最低生活をめぐる問題が、リストラによる失業、倒産、多重債務などとかかわりながら再び出現している。

・貧困や失業問題は外国人労働者やホームレス、中国残留孤児などのように、社会的排除や文化的摩擦を伴う問題としても現れている。

・上記のいくつかの問題を抱えた人々が社会から孤立し、自殺や孤独死に至るケースもある。

・低所得の単身世帯、ひとり親世帯、障害者世帯の孤立や、わずかに残されたスラム地区が、地区ごと孤立化することもある。

・若年層などでも、困窮しているのにその意識すらなく社会からの孤立化を深めている場合もある。

報告書では巻末の資料として、対象者の分類が示され、概数が計上されている。対象者は「対象者別」と「今日的な課題別」に大きく分けられる。前者は、低所得者（被保護者）、要援護老人、障害、児童・家庭、結核・難病、戦争犠牲者、更生保護、中国残留邦人帰国永住者、外国人の九つに分類され、後者は、ホームレス等、自己破産者、アルコール依存等、失業・フリーター、ドメスティック・バイオレンス被害者、自殺者の六つに分類されている。二〇〇〇年の時点でこれらの総数を推計すると、二千万人を上回り、当時の保護受給者数のほぼ二十倍に達する。もちろん、これらすべてが貧困というわけではないし、相互に重複する部分もあるが、多元化する貧困の幅広さと複雑さは十分確認できよう。

二．相対的剥奪と社会的排除

貧困の多元化がいち早く展開し、その事態に敏感であったヨーロッパでは、従来の貧困概念の再検討や、貧困に代わる新たな概念の構築が進められた。政策運営にも影響を与えた代表的な概念は、一九六〇年代後半からのイギリスでの相対的剥奪と、一九八〇年代のフランスでの社会的排除であった。やがて二十世紀末からのヨーロッパでは、社会的排除が主流的な地位を占めることになる。二つの考え方は、日本の貧困研究や調査にも大きな影響を及ぼしている。

	貧困	相対的剥奪	社会的排除
概念	一元的 身体的ニーズ 分配的 静態的	多元的 身体的ニーズ 相対的な物的ニーズ 分配的 静態的	多元的 身体的ニーズ 相対的な物的ニーズ 社会参加 分配的 関係的 静態的
測定	間接的 結果的な指標 収入資源 個人 世帯	直接的 結果的な諸指標 収入資源 非貨幣的資源 個人 世帯	直接的 結果的な諸指標 過程的な諸指標 リスク諸要因 収入資源 非貨幣的資源 参加への潜在能力 個人 世帯 コミュニティ

図表7-2　貧困、相対的剥奪、社会的排除の関連と相違
（出典）Bernes, Matt *et al.*, *Poverty and Social Exclusion in Europe*, Edward Elgar, 2000.

まず、相対的剥奪と社会的排除の関連と相違を整理しておこう。貧困を含めて三つの概念と測定法を比較して整理したのが、図表7－2である。貧困が一元的であるのに対して、新たな二つの概念は多元的に規定される。相対的剥奪が身体的ニーズと相対的な物的ニーズに対応するのに対して、社会的排除は社会参加にも対応する。社会的排除は、分配的な要因ばかりでなく、関係的な要因をも含む。そして、貧困と相対的剥奪が静態的な結果であるのに対して、社会的排除は動態的な過程としても理解される。
以上の概念的な相違とともに、三者の測定法も異なってくる。貧困が所得などによって間接的に測定されるのに対して、新たな二つの概念は剝奪や排除の直接的な把握を目指す。社会的排除では、結果的な指標ばかりでなく、過程の指標やリスク要因が加えられる。また、貧困では資源として収入が重視されるが、相対的剝奪では非貨幣的な資源が加えられ、さらに社会的排除では社会参加への潜在能力も考慮される。最後に、社会的排除では測定の単位として、個人や世帯に加えてコミュニティのあり方にも注目される。

過渡期の相対的剝奪

それまでの貧困概念から相対的剝奪へ、さらに社会的排除への移行は、イギリスの社会政策学者であるピーター・タウンゼントによる貧困の定義に集約されよう。

個人、家族、集団は、その所属する社会で習慣となっている、あるいは少なくとも広く推奨または承認されている種類の飲食物をとったり、活動に参加したり、あるいは生活上の必要条件や快適さを保持したりするために必要な資源を欠いている時、全人口のうちでは貧困の状態にあるといえる。彼らの資源は、平均的な個人や家族が意のままにできる資源より極めて劣っているので、通常の生活様式、習慣、活動から事実上排除されているのである。（*Poverty in the United Kingdom*, 1979）

相対的剝奪の特徴は、特定の社会において習慣化されている生活を、衣食住や健康状態から教育や労働さらに各種の社会活動におよぶ多様な指標で捉えることによって、貧困を規定してきた所得の意味を再定義したことである。すなわち、これらの指標を充足することのできない剝奪の点数が、世帯所得の一定額以下からは急速に（非比例的に）増大する事実によって、貧困を相対的剝奪として計測した。ともすれば同義反復に陥りかねない貧困と所得との関係を、多元的な剝奪指標を介在させることによって客観的に説明しようとしたのである。

ただし、多元的な剝奪指標が最終的には、所得という貨幣的尺度に還元される傾向は免れなかった。この点は、社会的排除との大きな相違であり、相対的剝奪は過渡的な性格を帯びていたともいえよう。なお一九九〇年代に入ると、剝奪指標が物質的剝奪と社会的剝奪とに区分され、社会的剝奪の指標が強化され具体化された。

社会的排除――貧困の動態と社会関係――

社会的排除も、貨幣的指標にとどまらず雇用、教育、健康・医療、住宅、そして社会参加などの多元的な指標によって、社会生活における不安定化と排除に注目する。相対的剝奪と社会的排除の関係は、貧困と貧困化の相違にたとえられる。前者が静態的な結果であるのに対して、後者は動態的な過程であり、動態的過程は、社会と個人・世帯との相互関係と捉えられる。こうして多元的な指標のなかでも、家族・親族、友人、地域、公的なサービス・制度との社会的な結びつきの欠如、すなわち社会関係からの排除が特に重視される。単純化すれば、相対的剝奪では多元的な指標が、所得あるいは資源からの剝奪に還元されるのに対して、社会的排除では多元的な指標は、社会関係や社会参加からの排除として理解されるのである。

社会的排除の特徴は、経済的貧困を排除の一つの形態とみなし、社会的排除を貧困より広い概念と捉えて、政策的にも所得保障に限定されない、広範な社会的包摂を目指すことにある。この背景には、若年層の失業率の上昇や、移民の増大と集住地区の形成などをきっかけに、社会的な統合が揺らぐのではないかという危機意識があった。

とはいえ社会的排除の考え方は、ヨーロッパにおいてもなお共通の認識に達しているわけではない。社会的包摂が、むしろ排除をともなうのではないかという指摘もなされている。とりわけ社会的排除の指標の開発は、幅広い精緻な試みが重ねられているにもかかわらず、必ずしも明確な合意にはいたっていない。幅広い精緻な指標を、その数値目標化を含めて、どのように整理していくのかが問われている。

次に、日本における現代の貧困の特徴をいくつかの視点から考えてみたい。

三．多元化する貧困とその現代構図

貧困を取り囲む生活状況

注目されるのは、一九九〇年代から二〇一〇年代にかけて四半世紀余りの間、社会生活一般の実質水準が変化せず、ほとんど頭打ちで推移したことである。このことは消費水準指数でも、賃金指数でも確認できる。生活の水準が三十年近くにわたってほぼ一定で推移するのは、近代以降の日本において初めての経験である。

生活水準がほとんど変化しないという状況は、一九八〇年代半ばからの経済格差の拡大傾向の受け止めや理解にも影響を与えた。生活水準が上昇する状況ではそれほど問題とならなかった格差拡大の動きが、想像以上に多方面に影響を及ぼし、二十一世紀にはいると日本社会が「格差社会」と表現され、切実な現実ともあいまって、貧困をめぐる議論が展開されることになった。

実際、生活保護受給者は、一九九五年の約八十八万人(保護率〇・七%)をボトムとして、二十一世紀にはいっても上昇し続け、二〇一四年には約二百十七万人(保護率一・七%)に増加している。なお二〇一八年一月の速報値では、保護受給者は約二百十二万人と若干減少している。また、日本の相対的貧困率は「国民生活基礎調査」によると、一九八五年の一二・〇%から、二〇一二年の一六・一%、二〇一五年の一五・六%と、上昇傾向にあり、OECD諸国では高位で推移している。ちなみに、二〇一五年の一人当たり等価可処分所得額の貧困線は百二十二万円であり、相対的貧困に該当する人口は約二千万人に達することになる。

これらの議論で特徴的だったのは、右肩上がりへの復帰では解決できない高齢化や単身世帯化などの構造要因が取り上げられ、格差や貧困に重ねられたことである。生活水準がいわば定常化する状況で、二十世紀後半から続く長命化や世帯構造の変化が、生活課題として先鋭化し、格差や貧困と結びつけて論じられるのである。

さらに雇用労働の環境も二十一世紀にかけて厳しさを増している。正規雇用が頭打ちになる一方で、非正規雇用が増加することによって、雇用制度が保持していた生活維持機能が低下しているからである。非正規雇用の増加が直ちに生活維持の困難に結びつくわけではないが、非正規雇用による生涯設計を構想しにくい現状では、生活困難が現実となる可能性が大きい。

二〇一三年に成立した生活困窮者自立支援法では、「生活困窮者」が「現に経済的に困窮し、最低限度の生活を維持することができなくなるおそれのある者」とされ、代表的な集団として年収二百万円以下の給与所得者が想定されている。ワーキングプアといわれるこの集団は、二〇一六年の賃金構造基本調査では、男性労働者の一四・〇％、女性労働者の三六・八％が該当し、あわせて一千万人以上に達するといわれている。「生活困窮者」は、住民税世帯単位非課税の約二千四百万人とする見解もあるが、明確な定義はなされていない。

いずれにしても多元化する貧困をめぐって、「社会的な援護を要する人々」、相対的貧困率、ワーキングプアなど、それぞれ異なった視点からのアプローチがなされている。しかも、どの接近方法でも量的には相当な拡がりが確認されている。このことは、多元化する貧困が生活保護受給者の周辺に幅広く拡がっていること、その拡がりが今日の社会生活の抱える脆弱性と関係していることを示唆している。

自己変容の飽和と社会生活の脆弱性

高齢者世帯とくに高齢単身世帯、ひとり親世帯とくに母子世帯、生きにくさに直面する若者たち、ワーキングプアや失業者、傷病や心身の障害をもつ人々、さまざまな依存症状を抱える人々、災害や公害などの被害者、ホームレスや居住困難者など。

これらの多元的な貧困の拡がりには、高齢単身世帯と母子世帯の性格の相違が示すように、もはや共通する生活構造を見出すことができない。生活の困難さは、それぞれの家族や就労のあり方と、偶発的ともいうべき要因が重なることによって、複合的な因果の連鎖として現れるからである。

多元的な貧困現象の根底にある生活の変化は何であろうか。ここでは、第六章でみた「よりよい」生活に向かっての自己変容が飽和状態に達していることに注目したい。二十世紀後半の雇用労働者核家族は、自らの生活単位の規模を縮小することによって、男性稼ぎ手の稼得との調整を図ってきた。その過程で非有業世帯員を縮小し、二〇一五年の国勢調査では雇用者のみの世帯の平均親族人員は、二・六九人にまで低下した。

自己変容の飽和とは、核家族の生活単位の縮小がほとんど限界に直面していることを意味している。限界にまで縮小した核家族にとって、子どもや老親とのケア関係を維持することは容易ではない。ケアを担う生活能力の向上に期待することは、もはやできなくなっているのである。標準的な生活モデルにおいても、必要とされるケア水準と提供できるケア水準の間には乖離が生じかねない。現代の社会生活の脆弱性が、自己変容の飽和状態として現れているのではないだろうか。

それればかりではない。一九六〇年代から続く自己変容の過程は、二十世紀末には一世代三十年をこえて持続し、現在の核家族は、生涯にわたる核家族として生きなければならなくなる。戦前の核家族が、生産年齢期を中心に維持されていたのとは事情が異なる。核家族は原理的には、夫婦関係を軸に消滅する運命にある。けれども、生涯にわたる核家族は、日本の現状では、長命化する老親の扶養やケアを引きずることになる。また、生きにくさに直面する子世代との関係も引きずることになる。

自己変容の飽和とは、生涯にわたる核家族が自己変容の果てに直面する課題も意味している。実際、標準的な核家族の夫婦が還暦を迎えるころが、老親や子どもの生き方が多様化する分岐点にあたっている。平穏な社会生活を定年退職まで送れたとしても、老親の介護や子どもの将来不安に直面しかねない。自己変容の飽和状態において、先行世代の終末期と後続世代の世帯形成期という二重の課題に直面しかねないのである。ここでも、生涯という長いスパンでみた社会生活の脆弱性が浮かび上がる。

生き方の多様化と生活のリスク

こうした自己変容の飽和と一九六〇年代からの生活保障の展開は、さまざまな生活選択をもたらし、多様な生き方を出現させてきた。ライフコースの多様化にほかならない。若者が新たな世帯形成に向かうのか、男性と女性がどのようなライフコースを歩むのか、さらに高齢者が自分たちだけの世帯を維持するのか。生涯にわたる生活局面でいくつもの生活選択が行われる。八十年以上の長い人生行路における生き方の多様化は、同時に生活のリスクを胚胎させることになる。

若者が生涯結婚しない、あるいは離婚するなどのライフコース選択の拡がりは、標準的な社会生活と比べて生活上のリスクが高くなる。その過程で現れる生涯単身者や母子世帯の相対的貧困率の高さは、そのことの証左でもある。また、若者の生き方の選択幅が拡大する一方で、教育機会や職業生活の出発点での不平等などは、その将来展望を含めて若者の生きにくさをもたらしている。若者にとって生き方の多様化は、生活リスクをともないかねないのである。

高齢者のライフコースも多様化している。一九六〇年代までの高齢者生活は、主に子ども世帯との同居と扶養によって支えられ、その外部で生活する高齢者は貧困リスクにさらされていた。その後の年金や介護保険制度の拡充によって、二十一世紀の高齢者世帯の多くは、子世帯から独立した生活を選択することが可能になる。けれども、平均寿命の著しい伸びとそれにともなう介護ニーズの高まりによって、高齢者世帯はこれまで経験しなかったさまざまな生活リスクに直面する。とりわけ配偶者を失った後の高齢単身世帯は、収入や介護さらに社会関係において、困難な生活状態に陥りかねない。

それればかりではない。しばしば指摘されるように、傷病や失業などをきっかけに、一気に不安定化する生活の脆弱さ。日常生活における突然の災害による住居喪失や社会的孤立。職場などのタイトな人間関係の積み重ねによるうつ病や依存症への後退。

これらの事態は、今日の社会生活の脆弱性とも関係している。

以上、現代の貧困が相当な範囲に拡がっていること、また貧困の多元化が自己変容の飽和や生き方の多様化と関係していることをみてきた。そのため、多元化する貧困から脱出するには、当事者がそれぞれの生活経験を受けとめ、自らの生活を組み立てていけるような生活支援が求められることになる。

四．現代の貧困と個別的な生活支援

最後に、現代の貧困の特徴を、個別性・個人化と、生きにくさの二点に絞って検討した上で、多元化する貧困に対する生活支援の原型として、生活困窮者自立支援における伴走型の支援関係をとりあげたい。

貧困の個別性と個人化

現代の貧困は、かつての集住地区や貧困地帯から分散して不特定に点在し、共通性をもっていた世帯や生活の構造も非定型化し多様性を帯びている。かつては生活の貧しさを支えもしていた地域や職業による共同の関係や移動のネットワークが失われ、現代では地域での孤立や職業への参入困難が顕著になり、さまざまな移動も自由ではあるが孤独な過程となる。

人間関係や社会関係への手掛かりは明らかに希薄化している。生涯の生活局面で直面するさまざまな困難は、個別的な生活状況と生き方の選択をとおして多元的な貧困として顕在化する。近代の貧困は、所得や転業によって集団的に特徴づけられることができたが、現代の貧困は、すぐれて個別的な性格を帯び、個人の生活経験において把握されねばならなくなる。現代の貧困は、かつての濃密な共同性からは遠く、集団や階層性からも離れて、個別性と個人化によって特徴づけられる。

今日では、貧困生活の個別事例が数多く登場し、さまざまな解釈が行われる。貧困事例に関する異なる解釈をめぐる議論は、これまでの画一的な貧困理解に代わって、当事者の生活選択や生き方にそくした理解を求めて展開される。こうして貧困状態からの脱出の道筋も一様ではなくなり、当事者の生活経験を踏まえて生活を組み立てることができる個別的な生活支援がなされねばならなくなる。

貧しさと生きにくさ

現代の貧困では貧しさという以上に、生きにくさが課題となる。生きにくさとは、貧困における生き方の不確かさであり、生き方が見失われる事態でもある。このことは、現代の貧困が個別化し個人化していることと分かちがたい関係にある。

貧困の近代構図においては、貧困からの脱出の方向は明らかであった。ところが貧困の現代構図においては、貧困のあり方が多元化し、貧困からの脱出の方向も不確かになる。今日では、貧困からの脱出を図ろうとしても、当事者の選べる限られた生活選択は、利用できる資源の不足や社会関係からの孤立傾向ともあいまって、生きにくさとして受け止められ、生き方そのものを見失いかねない。

貧困における生きにくさ、生き方の不確かさは、やがて貧困の当事者に、自分自身に向けられる。湯浅誠は、「五重の排除」の最後に「自分自身からの排除」をあげている。そこでは次のように述べている。「何のために生き抜くのか、それに何の意味があるのか、何のために働くのか、そこにどんな意味があるのか。（中略）人は自分の尊厳を守れずに、自分を大切に思えない状態にまで追い込まれる。」そして「自分自身からの排除」の極限に、「困難な自死を選択した」事例に言及している（『反貧困――「すべり台社会』からの脱出』)。「自分自身からの排除」は、貧困における生きにくさを端的に表現しているのではないだろうか。

生活困窮者自立支援法と個別的な当事者支援

現代の貧困からの脱出には、生きにくさを引き受ける生活条件や社会関係の余地が確保され、当事者が抱えている困難の経験に意味を見出すことができなければならない。貧困における生き方の模索と生活選択の積み重ねは、あってはならない状態からの脱出にとどまらず、当事者が生活経験を受けとめ、自らの生活を将来に向かって組み立てていく道筋にほかならない。

ところで貧困とその関連領域への生活政策は、いくつかの層から構成されている。一つは、食事や住居が不足している場合で、主として所得保障で対応される。二つは、病気や障がい、要介護状態など機能的な生活能力が不足している場合で、医療や福祉・介護サービスで対応される。三つは、所得やサービス保障の網の目からこぼれる場合で、自分の生活の方向を見失い葛藤している人々、「自分を大切に思えない」ほど「追い込まれた」人々、生きる力を組み立てることができないでいる人々などが考えられる（一圓光彌氏の討論資料）。

三つ目の場合に、初めて制度的な対応を可能にしたのが、二〇一五年から施行された生活困窮者自立支援法である。同法では、自立相談支援事業を中心として、生活困窮者に対するパーソナルな生活支援体制が整備されることになった。パーソナルな生活支援については、ホームレスの自立支援を実践し、同法の先行事業も担ってきた奥田知志の伴走型支援をとりあげたい。

伴走型の支援関係を考える

ここでは、奥田らが伴走型支援の活動にもとづいて執筆した『生活困窮者への伴走型支援』の奥田論文で述べられる五つの思想にそくして考えてみたい。

まず、伴走型支援は、出会い、共に生き、社会参加を探ることだとされる。関係の出発点である出会いは、「理由がなくとも縁を結ぶ」といわれるように、お互いの思いによって成立するいわば偶然の出会いであり、運命的でさえある。支援する側の主観的な動機から出発することもあり、出会いは制度をこえて拡がりうる。

困窮の当事者は自分の困難に気づいていない。支援者は「他者」として、困難に気づく鏡の役割を果たす。また当事者は助けてともいえない。支援者が訴え先となり縁を結ぶ。こうして始まった伴走関係は、何らかの目的達成のための手段ではなく、関係そのものが目指すべき目的であるといわれる。

さらに、ケアとは当事者と支援者の関係そのものであり、両者の伴走関係は「物語」を紡ぎだし、両者はケアの物語の共演者となる。時には、当事者が自らの過去や将来について物語ることを、そして当事者の言葉で自らの望む社会を物語ることを、伴走者は傾聴しながら支援するとされる。

伴走の支援者は、当事者の苦しみや喘ぎへの共感可能性と、共感不可能性という現実を突きつけられることがある。共感する場合も無傷ではいられない。共感を許さない現実には、現実をそのまま受け入れて伴走し続けるほかないとされる。終末期のケアのように、励ましは通じず、苦しみは完全には理解できず、ましてや取り除けないからである。寄り添いながら伴走できるにとどまる。

伴走型の支援では、当事者と支援者の関係は相互的である。助けられた人が助ける人になることも、逆の場合もある。伴走型支援では、当事者が変化すれば、支援者も変化する。それが伴走における平等であり、ひるがえって出会いの平等でもあるとされる。そして最後に、困窮の当事者が社会の仕組みに自分を合わせるのは難しいと述べられ、当事者に合わせた仕組みや社会を創造することが展望される。貧困から社会への問いかけでもある。

以上が、伴走型支援の五つの思想である。奥田のいう伴走型の支援関係は、生活困窮者自立支援法の制度的な枠組みをこえて、当事者にそくした直接的な支援関係の原型を示しているように思われる。

参考文献

岩田正美『貧困の戦後史――貧困の「かたち」はどう変わったのか』筑摩選書、二〇一七年。
奥田知志・稲月正・垣田祐介・堤圭史郎『生活困窮者への伴走型支援――経済的困窮と社会的孤立に対応するトータルサポート』明石書店、二〇一四年。
湯浅誠『反貧困――「すべり台社会」からの脱出』岩波新書、二〇〇八年。

◉第八章

生活保障から生活支援へ

二十一世紀にかけてのミクロの生活問題

ここでは、ミクロの生活問題が焦点化されるなかで、生活政策がどのように変化しているのかを考えたい。生活を営む上で必要とされる政策を生活政策と総称するなら、社会保障を中心としてきた日本の生活政策は、世紀転換期のころから変化しはじめ、二十一世紀にはいるとミクロの生活問題への政策対応に傾注することになる。

なお生活政策は、一般的な生活リスクに対応する所得保障や医療保障などのマクロの生活政策と、個別的な生活問題に直接対応するサービス給付中心のミクロの生活政策とに大別できるが、ここでは生活を営む当事者の視点から、前者を生活保障、後者を生活支援と言い表したい。なお生活保障は、社会保障や社会政策と、生活支援は、社会福祉といわれてきた政策領域に該当する。

議論の方向を先取りしていえば、生活政策の力点が、マクロの生活保障からミクロの生活支援に移行しつつあり、それとともに生活政策の手法はもちろん、生活への理解や関わり方も変化しつつあることを明らかにしたい。

一．生活保障の展開とミクロの生活支援

生活保障の展開と達成

戦後の生活保障は、先進諸国の制度展開にキャッチアップする形で進められた。キャッチアップには二つのポイントがあった。一つは、戦後直後には未整備であった社会保障制度の及ぶ範囲を、すべての国民にまで拡げることであり、この課題は一九六一年の国民皆保険と国民皆年金によって、国際的にも早い段階で達成された。もう一つは、生活保障の水準を先進諸国のレベルに引き上げることであった。保障水準のキャッチアップも、曲折はあるものの、高度成長を背景に進行した。医療保障については、国民すべてが三割以下の一部負担で最適医療水準を保障される制度が一九七三年には整備された。生活保障の中心である所得保障も右肩上がりで推移し、一九八〇年代半ばには、厚生年金のモデル年金額は現役世代の手取り賃金の六〇％台を維持し、生活保護基準額も一般世帯の平均消費支出の六〇％台に達した。

このため一九八四年には、生活扶助基準の算定方式が格差縮小方式から水準均衡方式に変更され、翌年の年金制度改革では、厚生年金の給付水準が初めて抑制され、これを機に、所得保障の右肩上がりの給付水準は頭打ちの局面に入り、その後はさまざまな調整が繰り返されることになる。

このような生活保障の達成は、二つの課題をもたらすことになる。一つは、所得保障が給付抑制への調整局面に転換することによって引き起こされる問題である。実際、一九八〇年代半ばから日本の所得格差は拡大しはじめ、九〇年代からは貧困も多様な性格を帯びはじめる。この点については、前章で検討した。もう一つは、達成によってもたらされる新たな生活課題と、それに対するミクロの生活支援の登場である。

達成ゆえの生活課題 ── 生活能力とケア能力 ──

所得保障による給付水準の上昇は、高度成長ともあいまって、実質的な生活水準を大幅に高めた。その結果、現実に営まれる生活内容も複雑化し、高度化する。さまざまな耐久消費財や情報機器、あらたな金融情報や社会サービス。それらを使いこなし自らの生活内容を組み立てるためには、これまで以上の生活能力が求められる。日常的に繰り返されてきた生活の調整や処理にとどまらない、生活内容の複雑化と高度化に対応できる生活能力が、生活保障の達成にともなって求められるのである。

とはいえ、生活能力の向上は生活水準の上昇に遅れるのが常である。とりわけ高齢者や障がい者などは、遅れの幅が大きく、それまでの調整や処理で精一杯の場合も少なくない。遅れの幅は、個々人の事情によって異なるものの、生活能力に不足する事態が生みだされ、不足を補うための個別的な生活支援が必要とされる。キャッチアップ型の生活保障においては、目指される生活内容に大きな違いがなく、所得保障の向上によって一定の生活内容が組み立てられると考えられていた。それに対して、生活保障の達成は図らずも、同一の所得でも、現実に組み立てることができる生活内容や、保持されている生活能力が異なることを顕在化させ、ミクロの生活支援の登場を促した。

それればかりではない。生活内容の複雑化と高度化は、主として市場化された生活領域での変化であるが、生活内容には一方で、これまで家族が担ってきた様々なケア関係も含まれる。子ども、高齢者、障がい者などへのケアの水準も、高学歴化や長命化ともあいまって、この間大幅に上昇した。ところがケアを担う世帯の規模は、自己変容の過程で、急速に縮小してきた。世帯規模の縮小は、世帯のケア能力を低下させることはあっても、上昇させることは少ない。

こうして、これまで表面化することが少なかったケア関係という生活内容とその組み立てが、生活保障の達成と軌を一にして、主として社会福祉領域の課題として浮かび上がる。課題の焦点は、求められるケア水準の高まりと、世帯が実際に遂行できるケア能力との乖離であった。ミクロの生活支援は、ケア水準とケア能力の乖離の拡がりとともに登場するのである。

ミクロの生活支援の登場

一九九〇年ころから二十一世紀にかけて、生活政策の関心は大きな転換をとげる。それは一言でいえば、一般的なリスクへのマクロの生活保障から、個別的な課題へのサービスを中心とするミクロの生活支援への転換である。一九八九年のゴールドプラン策定にはじまり、二〇〇〇年の介護保険法の実施、二〇一一年の介護保険法改正による地域包括ケアシステムの構築にいたる政策展開は、この間の生活支援への転換を主導した。また、一九九三年の障害者基本法の制定とその後の二度にわたる改正、二〇〇五年の障害者自立支援法の制定と、二〇一三年の障害者総合支援法への移行をとおして、障害者支援の理念も「自立生活」にとどまらず「個人の尊厳にふさわしい生活」が謳われるようになった。

この間、二〇〇〇年には社会福祉基礎構造改革が整備され、サービス給付が措置から契約へと変更され、提供者と利用者の対等な関係が確立されるとともに、個人の多様なニーズに対する総合的で切れ目のない支援が目指されることになった。さらに生活保護関連では、二〇一三年に生活困窮者自立支援法が制定され、二〇一五年から各種の事業が実施されはじめた。前章でみたように、本法の目的はマクロの生活保障と生活保護の間に、ミクロの生活支援を展開することである。元社会・援護局長によれば「社会保障の仕組みの最後に出てきた」制度ということになる。

以上のような新たな生活政策の動向は、従来の社会福祉、生活保護、社会保険などの制度を横断した拡がりを帯びているが、それぞれ相互に関係しながら、個別的で個人的な生活課題へのサービスを中心とするミクロの生活支援の展開として理解することができる。この時期、マクロの生活保障が、達成された給付抑制の調整に苦慮してきたのに対して、ミクロの生活支援は、新たな政策枠組みや関連事業を立ち上げるとともに、度重なる改正を重ねてきた。この意味でも生活政策の重点は、生活保障を前提としつつも、生活支援に転換してきたといえよう。

生活保障と生活支援の特徴

ミクロの生活支援の特徴を、マクロの生活保障と対比しながら整理してみたい。

何よりも対応する生活リスクの違いがある。日本の生活保障は、社会保険を中心に制度化されており、引退、疾病、貧困などの一般的なリスクに対応する。そのため所得保障を中心に、医療サービスなどの給付がなされる。それに対して、生活支援の場合は、個別的かつ個人的な生活リスクに直接対応する。したがって、給付のほとんどは対人サービスで占められている。

この相違が生まれる背景には、生活理解の相違があることも見逃せない。マクロの生活保障においては、高度成長期からの標準的な社会生活のモデルが前提とされていた。そこでは、一定の所得水準が保障されれば、標準的な生活が実現されることが想定され、もっぱら水準や標準をめぐる生活理解に終始してきた。けれどもミクロの生活支援の展開は、それまでの生活モデルが揺らぎ、モデルに依拠した生き方が不安定さやリスクに転化しかねない生活状況を背景としている。生活のリスクは複雑に絡み合い、個々人にとってリスクの連鎖がどのように結果するかは不確かとなる。ミクロの生活支援では、地域包括ケアの手法に示されるように、個人の生活状況が、それまでの生活歴と生活環境との相互関係において理解される。当事者の問題状況は、それぞれ異なった性格を帯び、生活支援の対人サービスも多様な内容を含むことになる。

以上の検討から、生活保障が一般的で間接的な保障であり、生活支援が直接的かつパーソナルな支援であることが導かれる。生活保障は、標準的な生活を可能とする生活条件の整備と保障を担っており、個人の生活内容を組み立てることに関与するわけではない。それに対して生活支援は、当事者が直面する問題状況に直接的、対面的にかかわる。生活保障が直接かかわれない、生活能力やケア能力の不足や乖離を、さらには生活内容の組み立てを、直接的に支援するのが生活支援である。生活条件の保障と、生活内容の実現との間こそ、生活が営まれる現場であるが、生活支援はこの現場で展開されるのである。

その意味でマクロの生活保障は、現場を必ずしも必要とはしない。上からの、中央政府による集合的、機械的な政策遂行が可能だからである。これに対比すれば、ミクロの生活支援は、下からの、地域の現場における生活支援の積み重ねである。当事者への生活支援には、それぞれの地域において包括的で切れ目のない対応が求められる。当事者の問題状況への生活支援は、ケアされケアする対面関係からはじまり、各種の専門職を軸とする連携、フォーマル・インフォーマルの多様な組織主体の生成とネットワーク、地域の社会資源の掘り起しなどをとおして、地域のあり方を再構築する手がかりともなる。

二　家族をめぐる生活政策の曲折

戦後の生活政策は、雇用労働者核家族を標準的な生活モデルとして制度的に展開されてきた。現代の生活問題の特徴は、この生活モデルが誰もが目指すことができる目標として機能しなくなる一方で、この生活モデルに代わる道筋が見いだせないでいることである。ここでは、家族をめぐるミクロの生活問題と、それに対応する生活政策の動きを考えてみたい。

雇用労働と核家族の齟齬――調整と介入の新たな局面――

雇用労働者核家族の生活モデルとは、多様な家族形態のなかで主として夫婦と子どもからなる核家族と、多様な働き方のなかで雇われて働く雇用労働とが、特定の条件のもとで結びついたモデルである。けれども核家族と雇用労働とは、そもそも異なった編成原理に属している。核家族の編成は雇用労働には受け入れがたい側面があり、雇用労働の編成も核家族には受け入れがたい側面がある。このことは、単身赴任や介護離職などからも容易に理解されよう。両者を関係づけ、編成原理の相違を調整してきたのは雇用制度や社会保障などの制度展開であった。ここでは両者の関係を、核家族をめぐる生活問題と生活政策の側から検討したい。

雇用労働者核家族をモデルとした生活政策は、一九八〇年頃までは基本的に維持されてきた。ところが、八〇年代にはいると標準的な雇用労働と核家族の間の齟齬が表面化しはじめ、その傾向は現在まで続いている。そのため一九九〇年代からの生活政策は、男性稼ぎ手を軸とした生活モデルを見直し、本格的な調整局面に転換することになる。まず注目されるのは、有配偶女性の雇用労働への参加にともなう核家族の生活との調整である。

一九八五年の男女雇用機会均等法の制定と、国連の女性差別撤廃条約の批准は、このような転換への動きを醸成したが、急速な高齢化や予想をこえる少子化の進行もこの動きを促進した。核家族の内部で女性が無償で担ってきた子どもの養育や高齢者の介護が、一九八九年のゴールドプランや一九九四年のエンゼルプランの策定とその後の改定に示されるように、社会的な支援の対象として取り上げられたからである。実際、一九九一年の育児休業法の制定から、一九九五年の育児・介護休業法への改正とＩＬＯの第百五十六号（いわゆる家族的責任）条約の批准は、女性の雇用労働化と育児・介護を担う家族生活との調整を図る動きであった。

さらに、一九九五年の高齢社会対策基本法に始まり、一九九九年の男女共同参画社会基本法、二〇〇三年の少子化社会対策基本法と次世代育成支援対策推進法にいたる三つの基本法の制定は、一九九七年の介護保険法制定と二〇〇〇年からの実施ともあいまって、雇用労働との関係調整にとどまらず、核家族のあり方に、新たな作用線を導入することになった。高齢社会対策基本法で繰り返される「生涯にわたって」の生活見通し、一九九七年の男女雇用機会均等法改正の附帯決議「子の養育、家族の介護については、社会も共に責任を担うという認識」、少子化社会対策基本法に謳われる「少子化の進展に歯止めをかける」姿勢などは、それまでの生活モデルから転換し、家族のあり方をあらためて社会的に位置づけなおす政策動向を示している。

家族生活の社会的な調整や位置づけにとどまらず、虐待や暴力の防止法に示されるように、家族の内部への社会的な介入が制度化されてきたのもこの時期の特徴である。まず二〇〇〇年に児童虐待防止法が制定され（〇七年には強化改正）、二〇一一年の民法改正では、親権の停止制度や未成年後見人制度が創設された。二〇〇一年にはドメスティックバイオレンス防止法が制定され、同時に被害者の自立の支援も定められた。さらに二〇〇五年に高齢者虐待防止法、二〇一一年に障害者虐待防止法がそれぞれ制定されたが、この二法の特徴は、高齢者や障害者への虐待の防止にとどまらず、「養護者の負担の軽減のため」の支援も規定されたことである。

いずれにしても四つの個別立法によって、虐待を受けた者や被害者と、その家族の関係への直接的ともいうべき介入が制度化され、介入後の虐待を受けた者や被害者さらには養護者への支援も定められた。いうまでもなく一連の立法は、家族の関係を維持しているがゆえに引き起こされるかもしれない事態への政策対応である。こうして家族生活におけるケアや夫婦の関係が、個々の成員にとって当然に維持される関係ではなく、時には重荷として、またリスクに転化しかねない関係として受けとめられる。

以上のような家族生活への調整や介入は、男女の働き方や育児・介護などの家族内部の関係に、生活政策が関わらざるを得なくなることを意味している。生活モデルであった雇用労働者核家族が、安定と安全を担保するものから、不安定やリスクをもたらしかねないものへと変わりつつあるのである。こうして、近代から整序されてきた男性稼ぎ手、主婦、子ども、高齢者などの家族成員のあり方や関係は、家族の内部にとどまらず、社会的にも調整と見直しを迫られることになる。

家族のケア関係の動揺とミクロの生活問題

家族をめぐる調整や介入の生活政策は、標準的な生活モデルを実現するための政策というよりは、生活モデルが達成されたために引き起こされる新たな生活問題への政策対応である。では、生活モデルが達成された結果として引き起こされる生活問題とは、どのような性格なのだろうか。しばしば指摘されるように、家族機能が一方的に弱体化してきたというだけでは、理解できない特徴があるのではないだろうか。今日の核家族は、その規模が縮小し関係が純化してきたため、日常的な処理課題にも限られた範囲で対処しなければならず、また、社会の急速な変化に対しては、これまで以上に複雑な調整機能を担わなければならなくなる。

とりわけ、これまで家族が担ってきた養育や介護などのケア機能は、求められる水準が高まりこそすれ、軽減されているとはいいがたい。子どもの養育に関しては、各種の調査でも経済的、精神的な負担が指摘され、そもそも産むか産まないかが重要な選択肢となっている。高齢者の介護に関しても、介護保険制度の実施時点で春日キスヨが「現代日本の家族は、人類が未だ経験したことがない質と量の介護労働を担っている」と指摘した状況は、まだ解消されたわけではない。家族が当然に担ってきたケア関係は、次第に重荷として意識され始める。家族に求められるケア機能の高まりと、家族が担えるケア機能との間に乖離が生じており、この乖離が家族機能の弱体化といわれているのではないだろうか。いずれにしても家族への生活支援は、乖離を埋めるための政策であり、弱体化を食い止めるものではない。

そればかりではない。家族機能とりわけケア機能を担う側の姿勢にも変化が生じる。標準的な生活モデルに準拠して、家族機能の負担が比較されるようになり、特定の家族や、さらには家族内の特定の成員に集中する養育や介護のケア負担が意識され、説明できない不公平やリスクとして受けとめられる。特定の家族の不公平は、社会的に取り上げられやすいが、家族内の特定成員の負担は、不公平としては問題になりにくい。家族機能とは通常、家族の外側からの社会的な要請であり、個々の成員にとっての家族内の負担関係を意味しないからである。この点はすでに野々山久也が、「社会のための機能」ではなく、成員「個人のための機能」への生活支援の必要性を、「家族機能の個人化」として指摘していた。

ケア機能を担う側の姿勢の変化は、家族の関係への対応を一層複雑にさせる。ケア関係のあり方は、規範的に決定されるのではなく、ケア機能の日常的な積み重ねによって形づくられ、成員間の主観的な認知によって維持されるからである。ケア関係は、あらかじめ社会的に要請されるものではなく、家族成員にとってその負担が考慮され、選びとられる関係になる。標準的な生活モデルを前提としてきた生活政策は、この点でも転換を促されるのである。

こうして現代の生活政策は、家族であるために引き起こされるミクロの生活問題に関与を深めることになる。しかも家族をめぐる生活支援は、ケア負担から家族を解き放つと同時に、家族の規範的役割に期待するというアンビバレントな性格を帯びる。藤崎宏子は、改正後の介護保険制度の現場でも「介護の社会化」と「介護の再家族化」が交錯している現状を指摘している。家族のあり方への生活政策がこれほど両義性をようである。

強めたことはない。家族をめぐる支援政策は、モグラたたきの状態に陥っているかの

高齢者家族の生活問題と地域包括ケア

一九六〇年代までの高齢者の生活は、その多くが子どもとの同居と扶養によって支えられていた。子世帯との同居や扶養からはみだした高齢者の生活は、困難をきわめ、貧困状態に陥ることも少なくなかった。その後、現在にいたる変化は目覚ましいものであった。変化の動因としては、生活水準一般の向上とともに、生活政策の拡充があげられよう。医療保障の充実は飛躍的な長命化をもたらし、公的年金の充実は退職後の生活基盤の確保を可能にし、二十一世紀からは介護サービスの利用も可能となる。こうして、子どもとの同居・扶養の制約から解き放たれ、高齢者の生活は大きく変化した。

子どもとの同居・扶養を前提としないで、高齢者が自らの世帯を構成し、自らの手で生活内容を組み立てることができるようになることは、高齢者の生活問題の意味を根底から変化させた。同居・扶養の条件をどう確保するかは問題ではなくなり、それ

ぞれの老後生活をどのように組み立てるのかが、高齢者にとっての生活課題となるからである。

実際、高齢者だけで構成される単独世帯や夫婦世帯が実数においても割合においても大幅に増加した。一九八〇年には、六十五歳以上の高齢者がいる世帯の約五〇％が三世代世帯で占められていたが、二〇一五年には、一〇％余りにまで低下し、かわって夫婦のみの世帯と単独世帯で約五八％に達している（「平成二十九年版高齢社会白書」）。しかも単独世帯や夫婦世帯は、その後もしばらくは増加し続けると推計されている。高齢者のみで構成され維持される世帯の増加は、新たな課題をもたらす。

高齢の単独世帯や夫婦世帯にとって、長命化にともない必要とされるケア水準が質量ともに高まるが、それに応じてケア能力を高めることは、逆にますます困難となる。ケア水準とケア能力の乖離は、これらの高齢者世帯にこそ最も顕著に現れるといえよう。さらに高齢の単独世帯はもちろん夫婦世帯も、地域の社会関係から孤立する傾向も見逃せない。高齢者世帯の「自立」が、孤立につながりかねないのである。いずれにしても加齢とともに衰えていく身心の変化にともなって、高齢者は、自らの手で生活を組み立て維持することが困難な状況に直面する。地域包括ケアと呼ばれる生活支援は、このような問題状況における介護ニーズに対応する政策である。

二〇一二年度から実施された地域包括ケアは、高齢者の介護はもちろん、介護以外の多様な生活ニーズに対応するために、介護サービスを中心としつつ医療や福祉そして地域との連携によって、さまざまな地域資源を総合したサービス提供を目指すものである。長い人生経験を重ねてきた高齢者のニーズは個別的かつ多様であるが、地域包括ケアでは、「日常生活圏域ごとに地域ニーズや課題の把握を踏まえた」事業計画が策定・実施される。開始されて間もない政策であるが、現場での地域包括ケアの取り組みが整備され始めている。

以下では、井上信宏が地域包括ケアの実践の好事例を整理し、分析した作業を紹介したい。好事例の整理・分析という姿勢は、地域包括ケアが当初からシステムとして整序されているのではなく、現場での支援が積み重ねられるなかで、支援の型が形成され経験知として共有されることを示唆している。好事例の分析結果からは、以下のような要素と機能が見出される。

地域包括ケアシステムは、三つの基本要素と九つの基本機能から構成される。第一の基本要素は、地域社会のネットワークで、そこには見まもり、発見、つなぎ、支援の四つの基本機能が含まれる。第二の要素は、専門職のネットワークで、総合相談、つなぎ、支援、権利擁護の四つの機能が含まれる。二つの基本要素に共通する生活課題として、在宅看取りと在宅診療のニーズの高度化があげられている。第三の要素は、ローカル・ガバナンスで、権利擁護、苦情処理、開発・提言、評価の四つの機能が含まれる。

二つの点が注目される。一つは、地域包括ケアが、地域社会（日常生活圏域と重なるとは限らないが）における一定の完結性を目指していることである。地域包括ケアによる支援経験の蓄積は、その過程で顔見知りの関係や信頼関係を醸成し、ケアの現場から関係の束としての地域基盤を構築することになり、「システム」としての構成要件を形づくるからである。

もう一つは、地域包括ケアの実践が究極的には、高齢者生活の個別的な特徴に対応しようとしていることである。高齢者は長い人生行路で、それぞれ異なった生活経験を重ねて現在にいたっている。そのため高齢者の生き方は多様であり、それぞれの生活個性も多彩である。高齢単独世帯は、長い人生において家族との出会いと別れを経験して、今この時の生活を営んでいる。手厚いケアなしには生活し続けられない高齢者は、子どもとの同居世帯のなかにも見出せる。衰えて「自立」を見込めないとしても、なお生きようとしている終末期の高齢者がいる。高齢者の生活は無数の個別性を帯びているのである。

「システム」としての地域包括ケアと、高齢者生活の個別性とは、論理のうえでは順接関係にはない。けれども地域包括ケアの現場では、高齢者の多様な人生経験にそくした支援が模索されている。高齢により生活選択の幅が限られた状況で、どのような生き方が選べるかの葛藤が続けられている。

三 生活の自律と生活支援の現場

生活の自律性——生命と社会のあいだ——

一番ケ瀬康子は社会福祉学における生活概念を、以下の三つに簡明にまとめている。一つは、「生命活動」としての生活で、「一瞬も休むことなく」「日常的継続性をもっている」とされる。二つは、「人間の生活」で、「主体的に環境にはたらきかけつつ（中略）展開される」。三つは、「社会的」な生活で、「状況に規制されつつ」「相対的な独自性をもって、展開しつづける」。一番ケ瀬の生命、人間、社会という重層的な生活概念は、「生命と社会とのあいだの領域」に生活を位置づけようとした中鉢正美の生活構造論とほとんど重なっている。

中鉢の生活構造論は、「相対的な独自性」をどのように理解していたのだろうか。社会生活は、近代という異質で強い環境の変化への対応の過程として考えられていた。この対応過程において注目されたのは、環境変化への適応ではなく、むしろ環境によって一義的には決定されない生活に独自の対応の仕方である。生活独自の対応は、生活構造の「無理」や「抵抗」、総じて近代への過剰な対応として理解された。社会生活は、環境変化に対して独自の対応を重ね、環境との関係において固有の生活構造を組み立てると考えられていたのである。そこでは、個々人が孤立しながらも、生活の自律性をどう確保していくかという切実な問題意識が表明されていた。

さらに注目されるのは、一番ヶ瀬が生活概念の基底に「生命活動」を置き、中鉢が「生命の科学と人間の科学との中間、生物学と社会科学との境界」に生活を位置づけようとしたことである。このことは両者が、生活の自律のなかに、生命のつながりにおける「生体としての自律性」ともいうべき作用を組み込んでいたものと考えられる。「生体の自律性」は明確には取り出しにくいが、例えば終末期の支援現場では、無視できない作用として体得されているのではないだろうか。

いずれにしても生活の自律性は、生命から社会関係に及ぶ重層的な作用の束によって成り立っており、ミクロの生活支援が当事者の自律を目指すとすれば、いくつもの難題に直面することになる。ここでは、生活支援の現場において、当事者支援がどのような姿勢で行われようとしているのか、また、ケアシステムの内部での支援が、現場でどのような葛藤をもたらすのかを考えてみたい。

生活支援の現場 —— 共にあること ——

高齢者の介護をめぐる地域包括ケアや、生活困窮者への伴走型支援では、当事者が自らの生活を選択し、組み立てることができる生活の自律が追求されている。当事者が生活を選択し組み立てるためには、自らの生活経験が何らかの形で受け止められなければならない。生活支援の現場では、当事者の苦しさや耐えがたさという生活経験に、支援者はどのような姿勢で臨んでいるのだろうか。思いつくままに三つ引用したい。

川田誉音は、切れ目のない「生の過程」のどの局面も等価である、という立場から次のように述べている。

ソーシャルワーク介入は、本来、望ましい変化をクライエントの『生の過程』に生じさせることを直接目的とするものではない。（中略）『生の過程』は、どの局面においても価値は同じ、という前提に立つとき、ソーシャルワーク介入は、クライエントが自らの生をいかに創造していくか、その選択と決断の時を共にすることにとどまるのだ。

尾崎新は「病い」と「援助との出会い」が及ぼす複雑な関係を、次のような引用で締めくくっている。

あなたの苦痛を『代って』あげるのではなく、あなたの苦痛はあなただけのものとしつつ、なお苦しんでいるあなたと共にあることもできるのではないだろうか。

（得永幸子『「病い」の存在論』）

最後に、浮ヶ谷幸代は浦河べてるの家の実践から、その特徴を次のように指摘している。

「健常者と呼ばれている人たちが普通に生きていくうえでの苦労を（当事者が――引用者）取り戻す」。「『生きづらさ』のニーズを満たすことよりも、むしろ『生きづらさ』それ自体を地域で生きるための必要条件として捉え、『不十分であるということがもっている当事者性』を丸ごと肯定し、受け入れる」。

いずれも、マクロの生活保障には直接手の届かない現場であり、生活支援の現場における煮詰まった状況が描かれている。共通に述べられているのは、支援によって取り去ろうとしても取り去れない「苦痛」や「苦労」を受け入れることである。生活の苦しさがいったんは当事者によって引き受けられ、苦しさを生きる余地が確保されねばならない。当事者の尊厳は、引き受け生きる余地を欠いては保たれない。生活支援の現場では、苦しさや不幸を生きることが引き受けられることによって、いわば反転して、これからに向けて生活が調整され組み立てられるというのである。しかもその場面で、支援者ができることは、共にあることだけだというのである。いまだ分節化されない現場の関係や言葉ではあるが、生活支援の原初の場面が解きほぐされようとしているのではないだろうか。

ケアシステムと現場の残余感――社会政策論の視点――

生活政策の展開によってミクロの生活問題が焦点化され、現代では人生行路をどのように組み立てるのかが、個々人の生き方に委ねられるようになった。このような動向は、社会政策論からの生活問題へのアプローチにも新たな成果をもたらした。

猪飼周平は、「過去三十年間にわたり社会福祉に広範に生じている生活支援の作法の転換」に注目し、ケアシステムにおける「生活モデル」にもとづいて、マクロの生活保障とミクロの生活支援の関係を再構築しようとしている。従来の社会政策論が目指すべき水準や目標にこだわっていたのに対して、ケアシステムにおける生活モデルでは、出発点における問題構成の手法が重要となる。

このため猪飼は、まず当事者状況にそくして問題が構成されることを確認し、生活モデルの手法の特徴として二点指摘する。一つは、「当事者の置かれている状況が、因果の連鎖として把握される」ことである。因果の連鎖とは、空間的にはエコマップや、時間的には個別生活史が考えられ、さまざまな場面や時点での生活支援が想定される。

二つは、生活モデルにもとづく支援は、生存権保障に代表される「水準概念」によってではなく、さまざまな生活資源の「状況依存的機能」において把握されることである。したがって生活モデルの視界には、生活を組み立てる支援の可能性が、状況依存的な因果の連鎖のあらゆる機会に開かれていることになる。

その上で、生活モデルにもとづく地域包括ケアシステムの課題が指摘される。コストの面では、相当な資源供給を必要とする「高価な」ケアシステムとなることである。論理の面では、生活の質という「目標の定義」をケアシステムの「外部に依存」するほかないことである。地域包括ケアは「自由権」にもとづくシステムであり、その成立要件として「人々の自己決定」を「要請」する。その際、すべての人々がその能力を有するとは限らないし、またそれを望むかどうかも不確かであり、最終的にはケアシステムはその外部の自己決定を必要とする。ケア関係をめぐる生活モデルの設定は、ミクロの社会福祉の視線であるが、ケアシステムの課題の指摘はマクロの社会政策の視線である。これが猪飼の議論の特徴である。

ケアシステムの課題については、先に述べた介護を要する高齢者の生活問題とも重なる。高齢者は自己決定する主体にほかならないが、老衰から死に向かう過程では、個人差はあっても家族を含む他者や制度に依存することが避けられない。そこでは、依存する条件を選択するという自己決定が行われるが、多くの場合、その能力の喪失過程が重なる。こうして、喪失状態で依存条件を自己決定しなければならないという逆説的な場面も現れる。

これに対して、ケアシステムの外部に開かれている社会政策の立場からは、成年後見制度や日本老年医学会「立場表明２０１２」などに示される、依存できる条件の整備と保障が重ねられることになる。しかしながら、システムの内部にある生活支援の現場では、たとえ成年後見制度を利用したとしても、当事者状況の内在的な理解である自己決定の意思の確認をどこかで切り上げて、当事者への支援を具体化しなければならないし、時にはケア関係の終結にも直面する。ミクロの現場では、何らかの残余感をぬぐえない場合がある。高齢者介護研究会報告書でいわれる「その人らしい生活を自分の意思で」送っているかどうかという問いかけは、容易に消え去ることはない。

四．生活の自律と生活支援・生活保障

生活政策にとっての生活の理念を考えるために、生活の自律と依存についていくつ

かの視点から検討する。その上で、現代の生活問題に対応する生活支援と生活保障の相補的な関係を整理してみたい。

生活の自律と依存の関係

生活支援の現場では、生活の自律が目指されていることをみてきたが、あらためて自律と自立の関係について考えたい。

古川孝順には「自立と自律」という興味深い論稿がある。そこでは、「すべての人びとにとっての目標」である「人格的自立」の中核観念として、「自身の立てた規範に従って行動すること」（広辞苑）をあげている。辞書的な意味では「人格的自立」は、自律に重ねられているのである。したがって、古川は自律を自立に包摂しているが、生活の理念としての自律を退けているわけではない。くわえて「人びとは、その生涯を通じて（中略）、他者や社会制度に依存せざるをえない状態におかれている」として「依存と自立の連続性」を強調しているが、自立に自律が重ねられるとすれば、「依存と自律の連続性」という文脈も可能となる。

ちなみに社会福祉法第三条では「個人の尊厳の保持」が「福祉サービスの基本的理

念」とされるが、その際の「自立」の概念は、当事者にそくして「自らの意思に基づいて、本人らしい生き方を選択する」ことと、限りなく「自律」に近接した解釈が示されている（社会福祉法令研究会編『社会福祉法の解説』中央法規出版、二〇〇一年）。

現代の生活問題が個人化するにともなって、ある局面の生活をどのように選択し組み立てるのかは、個人の生き方に委ねられ、与えられた長い生涯をどのように生きるのかは、個人の人生行路によって応えなければならなくなっている。これが今日の生活状況であり、生活課題であろう。支援や保障が目指す生活の理念も、このような課題に対応できるものでなければならない。自分で生活を選択し組み立てるという意味での生活の自律は、目指すべき生活理念と考えることができるのではないだろうか。

さらにいえば生活の自立は、社会のあり方への「適応」という性格を多少とも帯びる。ところが、支援される当事者は、社会の仕組みに自分を合わせられないこともある。当事者の問題状況は、既存の社会にたちかえるだけでは解決しにくい。時には当事者に合わせて社会のあり方を調整することも求められる。生活の自律は、このような可能性も担保しており、当事者の問題状況にそくした理念といえるのではないだろうか。

もちろん、「運命」としての個人化を論じてきたウルリッヒ・ベックが指摘するように、「個人化とは法的主体としての自律性を打ち立てることであって、事実上の自律はまったく含んでいない」。「事実上の自律」が想定できない状態では、理念としての生活の自律は、支援されることを排除しないし、人生行路においてさまざまなケア関係に依存することを退けない。

むしろ次のように考えられる。日本語の自律のポイントは「自身の立てた規範」にあるが、この規範すなわち生活規範には、生活を営むうえで必要な支援が組み込まれ、さまざまな関係に依存する条件を選択する規準も含まれるのではないだろうか。したがって自律と依存は、自立と依存のように語義上の対立関係にあるのではない。生活の自律は、必要とするさまざまなケア関係に依存することを退けない。生活の自律は、依存すべき社会関係や社会資源を選択することをとおして、依存を包摂しているのである。

政策理念としての生活の自律

もちろん、だれもが自律に向かって何らかの生活規範を形づくっていると考えても、検討すべき課題は残る。日本語の自律には、「自身の立てた規範」に従い「わがままを抑える」というニュアンスも含まれる。生活規範は個人の生き方の価値観とも関わるのである。アマルティア・センは「人は自分自身の福祉の追求以外の目標や価値を持つことができる」ため、「エージェントとしての個人は、自分自身の福祉のためだけに行動するとは限らない」とも述べている。ここでは自らの福祉の向上がつねに目指されるわけではなく、また帰結されるわけでもないことが指摘される。そしてセンの想定とは逆に、目標や価値の喪失が生活規範に作用し、その規範が社会的な葛藤をもたらすことも考えられる。いずれの場合も、社会的な統合のあり方にも影響を及ぼしかねない。

これまでの整理を兼ねて、社会保障の目的についての菊池馨実の議論をみておきたい。菊池は、憲法二十五条の生存権規定からではなく、十三条の「生命、自由及び幸福追求に対する国民の権利」を根拠として、社会保障の法的基礎づけを行い、社会保障の目的を「個人が人格的に自律した存在として主体的に自らの生き方を追求していくことを可能にするための条件整備」と規定する。その上で、「『自律』が、目指されるべき『目標』であるとすれば、『自立』とは第一義的には行為主体の生活『状態』を指す概念である」と、自律と自立の関係を整理している。

生活の自律を可能にする条件整備を、マクロの生活保障と言い換えるなら、菊池が例示する「認知症高齢者が自己同一性を失うまいとして生きる姿勢」への支援は、ミクロの現場での生活支援といえよう。最後に、ミクロの生活支援とマクロの生活保障の相補的な関係について考えてみたい。

生活支援と生活保障——ミクロとマクロの交差——

生活をめぐる政策は、今日では家族の関係の調整や整備にも関与し、当事者が生活を組み立てるための幅広い生活条件に関わりつつある。このなかで、マクロの生活保障は、生活の自律を可能にする条件の整備と保障に関わり、ミクロの生活支援は、当事者が自らの生活経験を受け止め、生活を組み立てる直接的な支援の現場である。生活の自律には依存が包摂されるが、生活保障は、依存可能な条件にかかわり、生活支援は、依存する関係にかかわる。

マクロの生活保障は、生活問題の個人化と人生行路の無数の選択肢に直面すればするほど、現状では、際限のない個人化と生活選択の自己責任を、時には人々のあいだの分断と対立をさえ、もたらしかねない。どこかでくい止め、反転する契機を見いだせないでいる。反転しようとすれば、制度の外側から「社会化」や「共同体」を持ちこむことになる。ミクロの生活支援は、当事者の自己決定という文脈の丁寧な理解を重ねれば重ねるほど、内在的な理解の困難さに直面し、現場の外側に制度的な擬制を求めることになる。支援現場での残余感は、その困難の証左であり、反転の契機は容易には見いだせない。

生活保障は、マクロからの反転の根拠をその内部に見いだせない。生活支援も、ミクロからの反転の根拠をその内部に見いだせない。両者の論理は、その内部では完結することができない。けれどもそのことは、両者が論理的に開かれていることを意味している。現代の生活問題への対応において、両者は相補い合う関係に位置づけられるのである。

マクロの生活保障は、当事者の問題状況に取り組むミクロの支援現場から、浮ヶ谷のいう「ケアという共同性」や上野千鶴子のいう「個人を基礎とした共同性」が形づくられる営みに期待することができる。他方、現場における当事者の自己決定とその条件は、マクロの社会状況から自由ではない。ミクロの生活支援は、生活問題の個人化が政策展開によってもたらされた状況であり、そこでの自己決定の状況適合的な特徴を、マクロの視点から相対化することができる。生活支援と生活保障は相互に補い合うほかなく、両者の相補的な関係のあり方に現代の生活問題への対応の成否がかかっているのである。

参考文献

猪飼周平「地域包括ケアの社会理論への課題――健康概念の転換期におけるヘルスケア政策」『社会政策』第二巻第三号、二〇一一年。

一番ヶ瀬康子『一番ヶ瀬康子社会福祉著作集第一巻　社会福祉とはなにか』労働旬報社、一九九四年。

井上信宏「生活保障システムの転換と地域包括ケア」宮本太郎編著『地域包括ケアと生活保障の再編――新しい「支え合い」システムを創る』明石書店、二〇一四年。

浮ヶ谷幸代『ケアと共同性の人類学――北海道浦河赤十字病院精神科から地域へ』生活書院、二〇〇九年。

上野千鶴子『ケアの社会学――当事者主権の福祉社会へ』太田出版、二〇一一年。

尾崎新「生活福祉援助論――慢性疾患・障害をもつ人々の手記を対象として」一番ヶ瀬康子・尾崎新編著『講座生活学第七巻　生活福祉論』光生館、一九九四年。

春日キスヨ『家族の条件――豊かさのなかの孤独』岩波現代文庫、二〇〇〇年。

川田誉音「ソーシャルワーク過程――『生の過程』と『援助の過程』」白澤政和・岩間伸之編著『リーディングス日本の社会福祉4　ソーシャルワークとはなにか』日本図書センター、（初出一九七七）二〇一一年。

菊池馨実『社会保障法』有斐閣、二〇一四年。

アマルティア・セン『不平等の再検討——潜在能力と自由』岩波書店、一九九九年。

中鉢正美『生活構造論』好学社、一九五六年。

中鉢正美『現代日本の生活体系』ミネルヴァ書房、一九七五年。

中川清・埋橋孝文編著『現代の社会政策2　生活保障と支援の社会政策』明石書店、二〇一一年。

野々山久也「家族福祉の視点とは何か」野々山久也編著『家族福祉の視点——多様化するライフスタイルを生きる』ミネルヴァ書房、一九九二年。

藤崎宏子「介護保険制度と介護の『社会化』『再家族化』」『福祉社会学研究』第六号、二〇〇九年。

古川孝順『社会福祉の拡大と限定——社会福祉学は双頭の要請にどう応えるか』中央法規出版、二〇〇九年。

ウルリッヒ・ベック、鈴木宗徳、伊藤美登里編『リスク化する日本社会——ウルリッヒ・ベックとの対話』岩波書店、二〇一一年。

◉第九章

少子・長命の環境と生き方の変容

現在、そして近未来へ

第七章と第八章では、生活課題の内部化が限界に達して直面する貧困問題やミクロの生活問題と、それに対応する生活支援についてみてきた。本章では、生活課題の内部化によってもたらされる二十一世紀の新たな課題について考えてみたい。

まず、人口減少社会や少子・長命の人口環境について、将来推計を交えてマクロの視点から検討する。そして生き方にかかわる課題として、産み育てることの変容、核家族の揺らぎとケア関係などについて取り上げたい。

本章の作業は、近代への生活対応がどのような結果と課題をもたらすのか、という問いへの一応の「回答」でもある。

一．少子高齢化と人口減少社会――二十一世紀の生活環境――

二十一世紀の日本社会は、超少子化と超高齢化をともないながら未曾有の人口減少社会へと確実に踏みこんでいく。社会のあり方が、少子化や高齢化そして人口減少という人口学的な表現によって言い表されるのは、歴史的にも初めてのことではないだろうか。これらの人口現象は、外側からもたらされたわけではない。これまでの生活の営みや現在の生き方が引きよせる事態にほかならない。二十一世紀の人口の動向を、将来推計を交えて見てみよう。

初めて経験する人口減少社会

日本の総人口は、二〇〇八年の約一億二千八百万人をピークとして、初めて人口の減少局面にはいり、二〇一五年の国勢調査では約一億二千七百万人となっている。今後の人口の推移を、国立社会保障・人口問題研究所の『日本の将来推計人口　平成二十九年推計』によってみてみよう。取り上げるのは中位推計（出生率、死亡率ともに中位仮定）の数値である。中位推計では、長期の合計特殊出生率が一・四四と仮定され、人口は二〇二九年には一億二千万人を、二〇五三年には一億人をそれぞれ下回り、二〇六五年には約八千八百万人に減少する。二〇六五年の人口増加率はマイナス一・〇八%

で、人口減少傾向はなお続くものとされている。人口規模ばかりではない。一般世帯総数も、平成二十五年推計によれば、当分は単独世帯を中心に増加するものの、二〇二〇年をピークに減少するとされている。

さらに長期の参考推計（中位推計）では、二一一五年の人口は五千万人余りと推計され、ちょうど一九一二年の人口規模に等しくなる。日本の人口は、明治初年から約百四十年かけて急速な人口増加を達成してきたが、二〇〇八年を境に人口減少へと劇的に転換して、約百年後の二一一五年には明治末年の人口規模に戻ると推計されている。本書執筆時の二〇一七年は、加速度的に進行する人口減少社会のとば口に位置していることになる。

日本人口の推移をより長いスパンで示したのが図表9-1である。人口は一六〇〇年頃までおおむね漸増し、江戸時代の前半に急増して、その後半に停滞局面に入り、その後、近代の人口成長を迎える、という大まかな推移を描くことができよう。図表9-1で印象深いのは、何といっても近代以降の人口増加の激しさと、それと対照的な二十一世紀に入ってからの人口減少の著しさである。千年を通して概観すると、二十世紀から二十一世紀の間に圧縮された人口変動のダイナミズムに驚かされる。

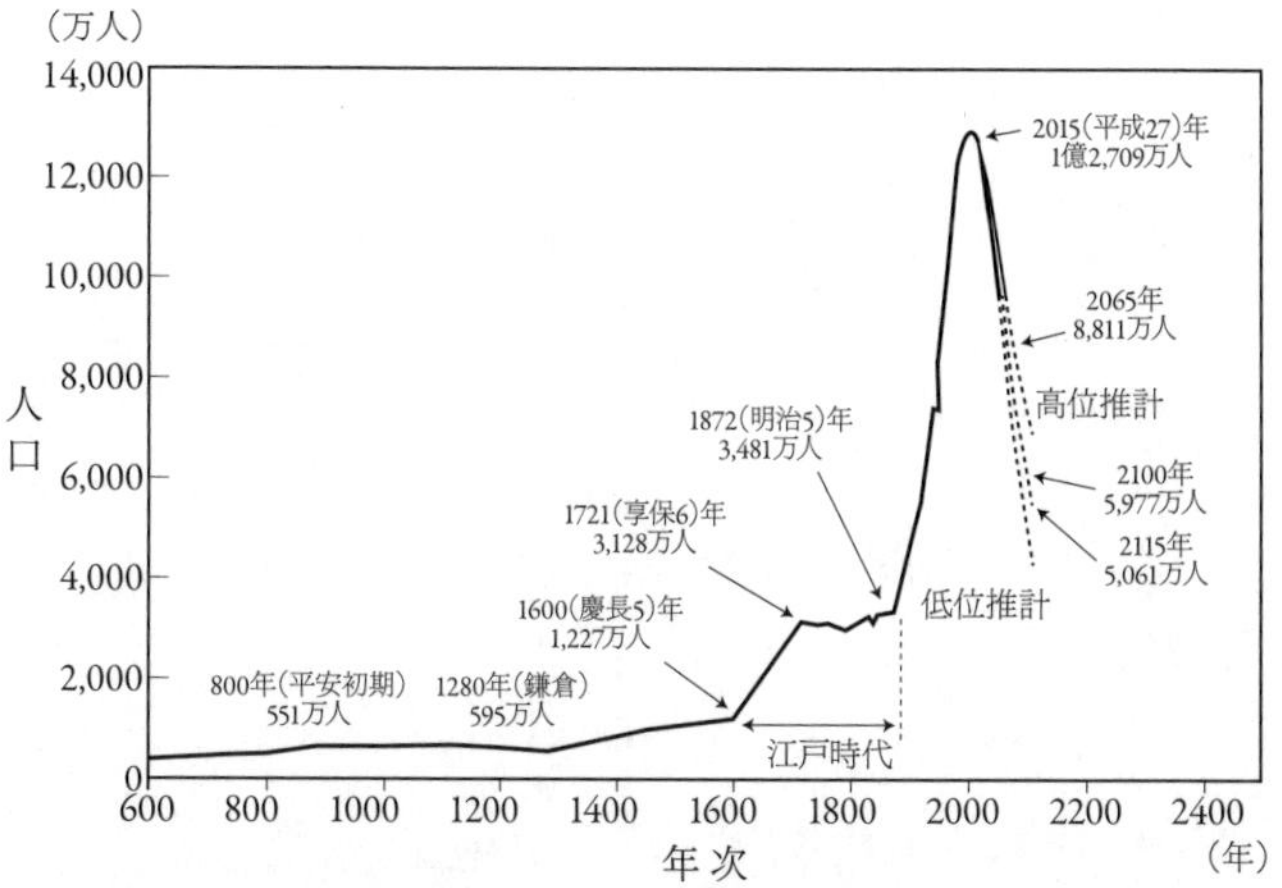

図表9-1　日本人口の歴史的推移

(出典) 森田朗監修『日本の人口動向とこれからの社会』東京大学出版会、2017年、6頁より転載。

人口規模の増加から減少への激変は、何らかの社会的な制約や環境の激変によるとは考えられない。本書の文脈からすれば、「よりよい」生活に向かっての自己変容が飽和状態に達し、それまでの生活課題の内部化によっては処理しきれない問題が、人口減少として表出されているといえるのではないだろうか。これまでの生活経験や生活選択の積み重ねが招いた事態という側面が強いのである。

二〇一七年に刊行された国立社会保障・人口問題研究所編『日本の人口動向とこれからの社会――人口潮流が変える日本と世界』では、これまでにない立ち入った表現がなされている。まず第一章では、高齢化と人口減少を対比して、次のように述べられている。「少なくとも人口高齢化は文明進展の必然であり、もはや過去に戻ることはなく、人類史の一段階として受け入れるべき現象とみることができる。一方、人口減少は必然とはいえず、これが今世紀後半以降も続くようであれば、市場の失敗ならぬ『社会の失敗』といえるかも知れない。この点について、われわれは過去のどこかで道を間違えた可能性があるだろうか」。

さらに終章では、従来の社会経済の根幹をなす民主主義と市場原理の理念の再検討にまで言及される。「結局、現在の社会経済は、存続すら危ぶまれる、到達点とはほど遠いものであった。これまでそれを支えてきた理念は、ことごとく危機を迎えている。現在、われわれが求められていることは、近代化という一時期を過ごした社会経済を補修しながら住み続けることではなく、理念を含めて再構築することであると考えられる」。

将来推計人口が描く日本の社会像は、確かに右肩上がりや成長とは全く異なったイメージを喚起する。その意味では、現代社会の理念が根底から問われており、ひいては生活のあり方にも問いが重ねられる。

「社会の失敗」という言葉は重い。人口が急増し急減する人口曲線の姿は、われわれのこれまでの生活のあり方と切り離せない。人口減少社会は、近代に対応してきた生活の営みの「思わぬ結果」として引き起こされるともいえるからである。けれども、近代を享受して身につけたものを、人口曲線のように劇的に脱ぎ捨てるわけにはいかない。日常生活の変化は緩慢であるが、そこでの生き方が少しずつ変化していることも確かである。二十一世紀の社会では、子どもを産み育てること、家族を形成し維持すること、長生きし衰えやがて終末期を迎えること、これらの人生途上の出来事が、これまでとは違った意味合いを帯びてくるのではないだろうか。

人口の少子化と高齢化の行方

先を急ぐ前に、少子化と高齢化の動向を見ておきたい。少子高齢化といわれるが、両者は独立した現象であり、別の問題である。両者の動向が重なって、各時期の人口構成が形づくられることになる。

人口の高齢化から見てみよう。高齢者人口が大きく変化しないとしても、後続する世代の数が大きく減少すれば、高齢者人口の割合は高まり、人口構造の高齢化は進行する。高齢者の長命化がともなう場合はなおさらである。日本の人口の高齢化は、戦後の第一次と第二次のベビーブーム期に生まれた世代が、平均寿命の延長によって分厚い人口集団として現在に至るとともに、一九七〇年代半ばからの出生数の急減によってもたらされた。

二〇一五年の日本の高齢化率は二六・六%で、世界で最も高い水準であり、二〇六五年には三八・四%に達すると推計されている。ちなみに二〇一五年の年少人口割合は一二・五%で、世界で最も低い割合となっている。人口の高齢化は長期的には地球規模の趨勢であるが、日本の高齢化は、短期間で高い水準に達する点で群を抜いており、世界の高齢化の最前線に位置している。

少子化に関する生活経験については、本書でもすでに取り上げた。第五章では、戦後家族による生活課題の内部化の始まりとして、膨大な人工妊娠中絶によって合計特殊出生率が半数以下に激減する(一九五七年の合計特殊出生率は二・〇四)ことを論じた。また第六章では、雇用労働者核家族が「よりよい」生活に向かって生活単位の規模を縮小し、階層固有の姿を自己変容させる様子を描き、第七章では自己変容の飽和状態にも言及した。

少子化が問題視されるようになるのは、一九七〇年代半ばに合計特殊出生率が二・〇を下回り、その後長い低下傾向をたどってからである。約三十年後の二〇〇五年には一・二六のボトムを記録し、以後は漸増しながら推移して二〇一五年の合計特殊出生率は一・四五となっている。この数値は、欧米諸国と比べると低いグループに属しており、東アジア地域と比べると若干高い値である。ちなみに将来推計で用いられた合計特殊出生率の中位仮定値は一・四二〜一・四四である。

人口の少子化にはいくつもの要因が絡んでいるが、一九七〇年代半ばからの合計特殊出生率の低下は、女性の年齢別未婚率が上昇して、晩婚化と晩産化によって生じたと考えられている。実際一九七五年から二〇一五年にかけて、二十五〜二十九歳の女性の未婚率は二〇・九%から六一・三%に、三十〜三十四歳の女性の未婚率は七・七%から三四・六%に上昇している。日本の場合「非嫡出子」の数は極めて限られており、結婚後の妊娠可能な期間の縮小が、合計特殊出生率の低下をもたらすことになった。

さらに高齢化の影響が当該世代に限られるのに対して、少子化は後続世代にも影響を及ぼす。一九七〇年代後半から現在までに生まれた規模の縮小した世代が、やがて親世代になるからである。規模の縮小した親世代も現在の出生力水準で推移するとすれば、長期にわたる人口の縮小再生産が避けられない。また親世代が出生力水準を急速に回復したとしても、当分の間は人口減少が続くことになる。

少子化の動きは、子どもの価値や女性の生き方の変化と密接に関係している。子どもの選択は、子孫を残す感覚から遠くなる一方で、親の側の条件によって左右されることになる。また二十一世紀に入ると、安定していた完結出生児数が低下しはじめ、〇人や一人の割合が増加している。女性の年齢別未婚率の上昇も、次第に生涯未婚率の上昇につながりつつある。少子化を止める手がかりは、現状では見出しにくい。未曾有の少子化と高齢化を基調とした生活環境は、しばらく続くのである。

人口ピラミッドと従属人口指数の推移

二〇一五年と二〇六五年の人口ピラミッドを示したのが図表9-2である。二〇一五年と二〇六五年を見比べて印象深いのは、五十年後の人口ピラミッドが全体として縮まっていることである。もっとも、高年齢層ではやや厚みを増していることにも留意しなければならないが。

二〇一五年の人口ピラミッドは、第二次ベビーブーム期の四十歳代前半からは、年

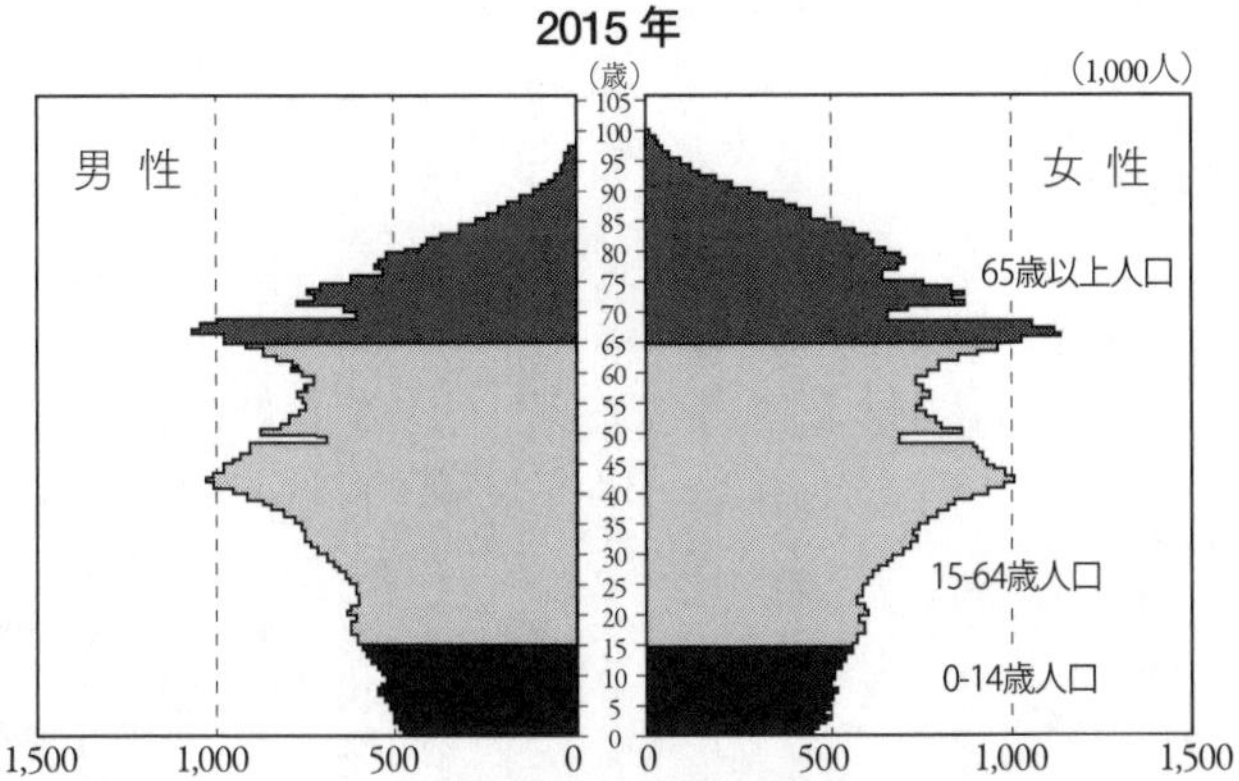

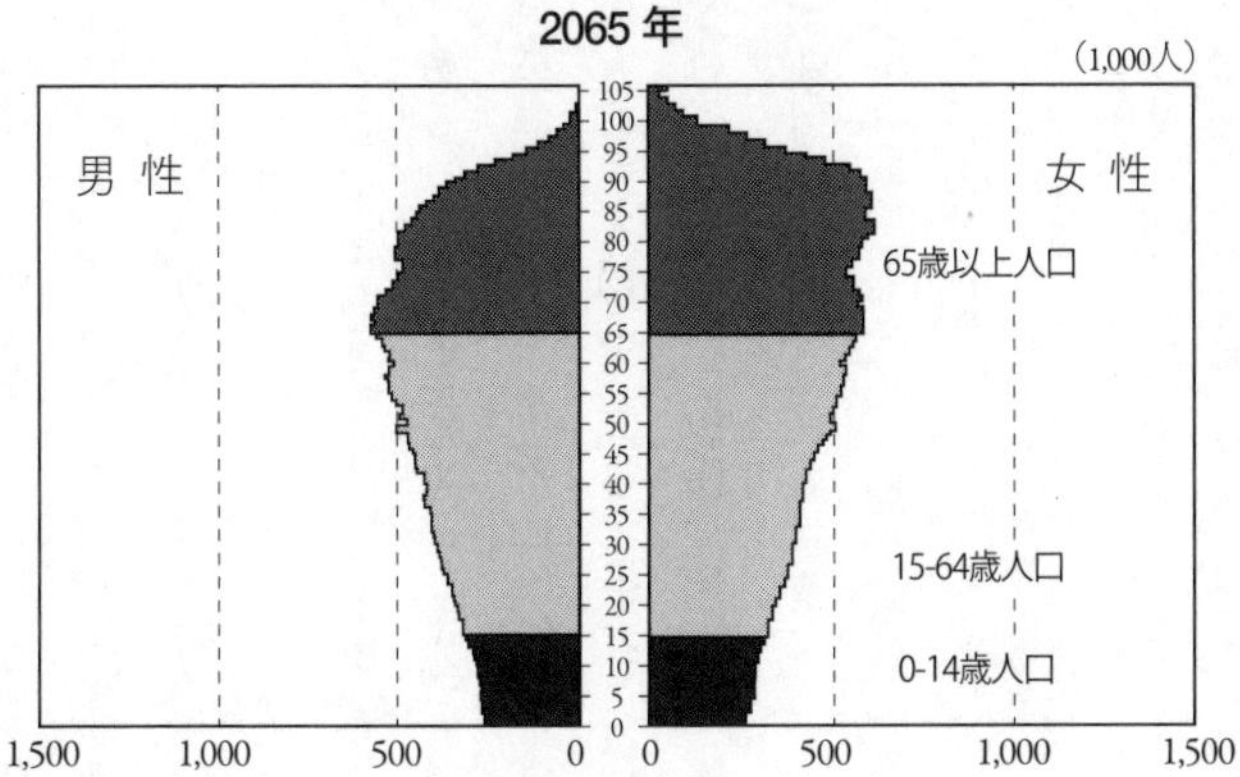

図表9-2　日本の人口ピラミッド：2015、2065年
（出典）森田朗監修『日本の人口動向とこれからの社会』東京大学出版会、2017年、294頁より転載。

齢が下がるにつれて人口規模が確実に縮小していく形状をしている。他方、第一次ベビーブーム期から上の老年人口の形状は、かつてのピラミッド型を彷彿とさせるような圧縮された形状を示している。二つのブーム期とそれに挟まれる人口集団が、今後の高齢化を先導することになる。

五十年後の二〇六五年の形状は、人口ピラミッドというには不思議な印象を与える。上部に厚く、下方に縮んでいるからである。高齢化を先導してきた集団がなお九十歳以上を占め、全体として高齢者人口が分厚い塊として上部に位置している。例えば八十歳以上の高齢者人口は、〇～十九歳人口を大幅に上回ると推計されている。それに対して六十四歳以下では、年齢が下がるとともに人口規模が減少し、六十四歳から〇歳へと厚みが男女とも半数近くにまで縮小している。

二〇六五年の日本の「人口ピラミッド」は、おそらく歴史的にも初めて直面する、大規模人口集団の超高齢化と超少子化の形状である。この未来の形状は、個々人の生き方にも大きな影響を与えるであろう。今現在を生きる者にとっては、近未来の長命と少子が人口学的な環境条件として浮かび上がるからである。

次に、少し社会的な視点からいわゆる従属人口指数の推移を見ておきたい。図表9-

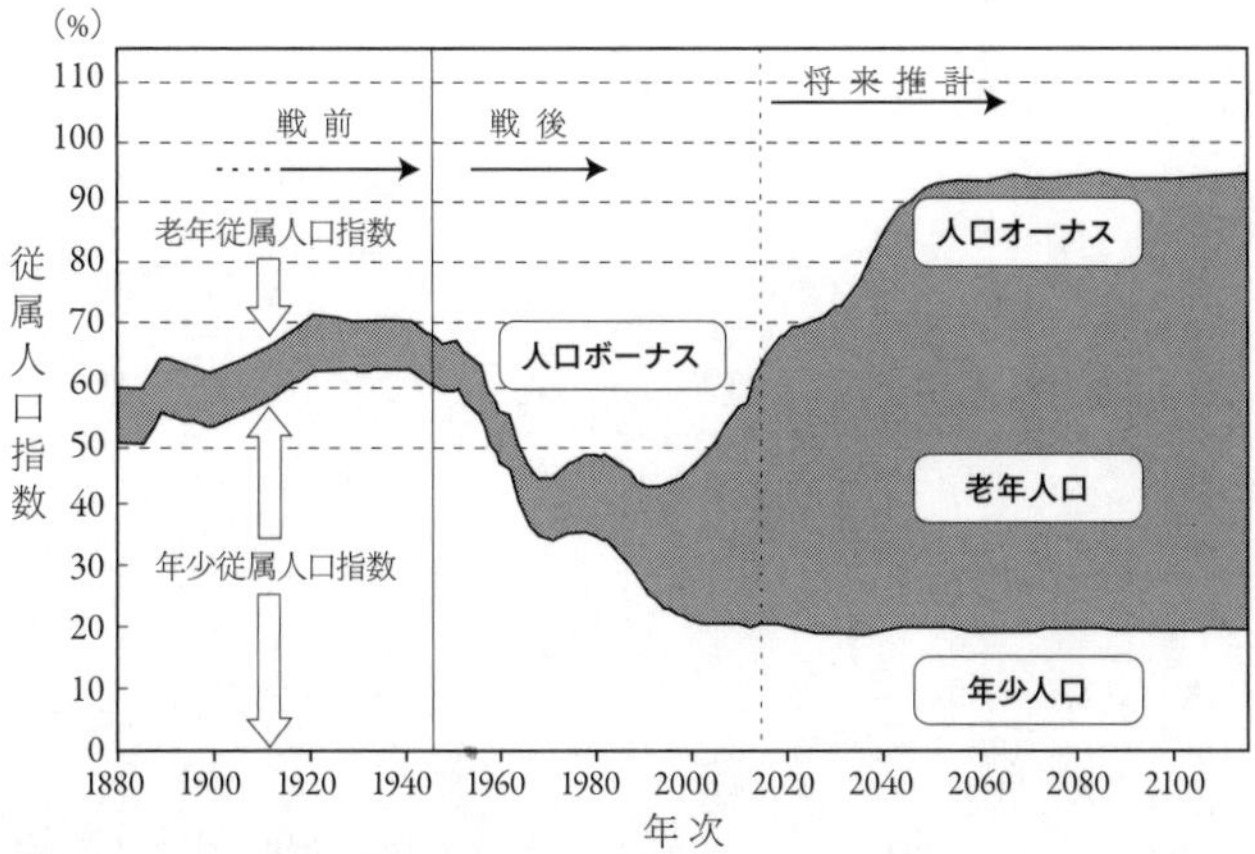

図表9-3　従属人口指数の長期推移
(出典) 森田朗監修『日本の人口動向とこれからの社会』東京大学出版会、2017年、21頁より転載。

3の指数は、〇〜十四歳の年少人口と六十五歳以上の老年人口を生産年齢人口で除した比率で、社会全体の扶養関係を示したものである。生産年齢人口の増加は一九九五年がピークで、以後は減少し続けることになる。図示された戦前の関係は、もっぱら年少従属人口指数によって占められ、ほとんどは家族が私的な扶養として担ってきた。

戦後の高度成長期からしばらくの間は、年少従属人口指数が急減し、老年従属人口指数が増加しはじめる時期で、生産年齢人口中心の経済活動に有利な年齢構成になった。従属人口指数が五〇%を下回るのはこの期間のみで、典型的な人口ボーナスを享受したのである。この好条件の下で、年金をはじめとする社会保障が制度化されたことにも注目しておきたい。

二十一世紀に入ると老年従属人口指数が上昇しはじめ、やがて人口オーナスと呼ばれる大規模な老年人口を支える時期を迎える。二〇五〇年からの老年従属人口指数は七〇%を超え、従属人口指数は九〇%を上回り、この指数のバランスが半世紀以上にわたって続くことになる。しかも老年人口の大半は七十五歳以上の後期高齢者で占められており、経済的な扶養にとどまらず高度なケアが求められる。ケアを含む世代間の扶養関係のあり方が、今後長きにわたって避けられない課題となることは確かである。

けれども、人口ピラミッドや従属人口という概念は、近代の右肩上がりの時代の考え方に深くとらわれていることも否定できない。高齢者人口の分厚い存在は、人口減少による社会の激変を緩和し、その安定と存続を支えているのかもしれない。少ない子どもへのケアと分厚い高齢者へのケアは、相互に連携してケア社会の基盤を創るのかもしれない。新たな人口環境の機序は、まだ語られてはいないのである。

少子・長命の生活環境と生き方の選択

少子・長命の環境における生活は、どのような状況にあるのだろうか。多様なライフコースの選択がなされ、生き方が個人化するような状況。よりよい生活に向かって生活単位の規模を縮小する自己変容が、飽和状態に達することによって、個々人の生き方の選択幅が拡がるような状況である。そこでのライフコースの多様な選択可能性は、生き方の選択がリスクをともなう可能性も大きくする。八十年以上に及ぶ長い生涯であればなおさらである。少子・長命の環境は、長い生涯の確実さと、そこでの生き方の不確かさとが乖離する環境にほかならない。二十一世紀において、生き方があらためて生活課題となるゆえんである。

では少子・長命の環境における生き方の課題は、どのように言い表せるのであろうか。柏木惠子・高橋惠子編『人口の心理学――少子高齢社会の命と心』の終章での表現を手掛かりに考えたい。以下のように述べられている。

「必要な子どもだけをつくり、衰えた生命には自ら決着をつけようという時代」

「もしも望めば、〝必要な命だけを選別することができ、高齢で回復の見込みがないときは尊厳を重視してみずから命に決着をつけることができ、そして葬儀は不要で墓もいらないとすることができる〟というような『命の取り扱い』が可能である」

ここでは、「命の取り扱い」が可能になる時代、という言明がなされている。出生から死への生命の流れが、生き方の守備範囲に収められ、出産や死という人生の節目も、個人の生き方として選び取られることが可能になる、というのである。本書で論じられる、「授かる命」から「つくる命」へ、「少子の子ども」と「長命の親」、「長命＝長寿」とは限らない、などのテーマは、今日の生き方の特徴と課題を端的に言い当てている。少子・長命の環境で人々がどのように感じ、考え、どのように行動するのかという、選好と選択の傾向を示しているからである。このような生き方の変化は、あえていえば生きる形の変容を意味しているのではないだろうか。

振り返ってみると、近代への対応において生活課題の内部化が始まったのは、膨大な妊娠中絶が行われた一九五〇年代からであった。この経験は、生きる形の変化の始まりだったかもしれない。その後は家族計画が浸透し、七〇年代半ばからは晩婚化によって、少子化は押し止めがたい傾向となる。これまでは課題の内部化によって、少子の選択とよりよい生活とを結びつける道筋を描くことができた。けれども今日では、生活単位の内部で処理する対応が限界に達して、生涯未婚に示されるような生き方も出現し、人々の生きる形に幅広い影響を及ぼすことになる。しかも生き方の選択は、容易に後戻りできそうにない少子・長命の生活環境において行われるのである。

一方、生きる形の変化でもある長命は、生活環境の改善や医療・介護制度の充実によって現実のものとなりつつある。長命での高齢者の生き方も、かつての子世代との同居扶養の制約からともかくも解き放たれ、高齢者世帯として「自立」することができるようになる。長命と自立可能性は、二十世紀近代の大きな贈り物である。このため現代の高齢期は、老いのイメージとは裏腹に、多様な生き方の選択を迫られる時期となる。老衰期や終末期のケア関係の選択を考えるとなおさらである。高齢者の生き方の選択は、高齢期の生きる形を大きく左右することになる。

少子・長命の環境における生き方の選択がもつ意味合いについて述べてきた。もちろんこれまでの生き方は急には変わらない。けれども、歴史的にも初めて経験する環境での生活の営みがどのような課題に直面しているのか、どのような課題を抱えながら生き方が変わろうとしているのかを考えることはできよう。この課題は、産み育て、老い死んでいくという、あるいは生まれ育ち、成人し生活を営むという生涯の流れが、二十一世紀の今日、なぜこんなにも滞りがちになっているのかという気持ちと重なっているのかもしれない。

以下では、今日の生き方にかかわる生活課題として、産み育てることの変容、核家族の揺らぎとケア関係のゆくえ、生涯の終わりに向かって、の三つのテーマについて、紙幅の許す範囲で考えてみたい。

二、産み育てることの変容――親の生き方と子どもの価値――

意識的に選びとられる出産

子どもを産むことについては、ドイツと日本の二人の女性研究者の言葉に耳を傾けたい。二人とも、子どもを産むことが自然な営みではなくなり、熟慮して選択すべき事柄となったことを語っているからである。

E・ベック＝ゲルンスハイムは「子供という問題」という原題の日本語版への序文で、「かつて女性の人生に当然のこととして組みこまれていた子どもをもつということ、それが今日ますます意識的な熟慮、計画、希望、心配や不安の的、とどのつまり『子どもという問題』になりつつあります」と述べ、別の箇所では、子どもを持つという選択が多くの言説に影響される状況を「新しい子どもたちは『頭から生まれる』」と言い表している（『子どもをもつという選択』勁草書房、一九九五年）。

また心理学者である柏木惠子は、次のように述べている。

子どもを産むことを日常「つくる」というように、子どもの誕生は今や自然現象ではなくなりました。子どもをもつことは女性の選択の一つとなったのです。ところが、子どもを欲しい、つくりたいと思っても、今の日本の社会的状況のなかでは子どもが生まれれば、育てることはもっぱら女性――母親の肩にかかってしまいます。他方、人生は長くなり「母として」だけでは女性は幸せに人生を全うすることはできなくなりました。それは数少ない子どもを育てあげたあと、長い年月が残る、母としてではない人生がいやでも生じるからです。（中略）女性にとって子どもの意味・価値が変化してきている――子どもは絶対的不問の価値をもつものではなく、相対的なものとなったのです。このような子どもの価値の変化こそが、子どもの数の変化――少子化よりもずっと重要なこと。このことは、ほとんど問題にされていません。

子どもを産むか否かは、女性がどう生きるかとの問いそのもの。少子化という人口上の現象は、すなわち女性の心の問題です。

（『子どもという価値——少子化時代の女性の心理』中公新書、二〇〇三年再版）

女性の「頭から生まれる」や「心の問題」という表現は、産むことをめぐる環境の変化を端的に示している。本書でも、膨大な人工妊娠中絶と家族計画の浸透、その後の合計特殊出生率の低下とライフコースの多様化をとおして、子供を産み育てることが親たちの生き方において選びとられる課題となることをみてきた。とりわけ女性にとっては、自らの人生行路において、そもそも子供を産むのかどうか、産むとしたらいつ何人の子供を産むのかが、避けられない選択課題となっている。

女性のライフコースの多様化と子どもを持つ条件

女性のライフコースが多様化するなかで今日の日本では、有配偶女性（二十五歳から六十四歳）の大半が仕事をしており、多くの女性が、子どもを持つことと仕事をすることとの調整を経験してきたことがうかがえる。これから結婚する女性は、自らの生き方としてどのようなライフコースを考えているのだろうか。二〇一五年の「出生動向基本調査」では、十八歳以上三十四歳未満の未婚女性を対象に、予定のライフコース（「実際になりそうな人生」）について結婚、子ども、仕事の関係を質問している。その結果は、再就職コースが三一・九％、両立コースが二八・二％、非婚就業コースが二一・〇％、専業主婦コースが七・五％となっている。専業主婦コースが一貫して低下しているのに対して、両立と非婚就業コースは二十一世紀に入って増加傾向にある。

女性のライフコースは、確かに多様化する傾向が認められる。そのなかで再就職コースは、減少しながらも一九八七年から一貫して首位を保っている。既婚女性のこれまでの働き方としても、このコースが多数を占めてきたことからすると、再就職コースには、仕事と子どもを持つことの間のさまざまな調整機能が託されていたと考えられる。

先の調査では、未婚女性の八九・三％が「いずれ結婚するつもり」と回答し、大多数が「家族とは別の自分の目標を持つべき」としながらも、六七・四％が「結婚したら、子どもは持つべきだ」、七三・〇％が「少なくとも子どもが小さいうちは、母親は仕事を持たずに家にいるのが望ましい」と答えている。再就職コースは、結婚規範と母親役割が色濃く残っているなかで、多くの女性が行き着いた当面の選択肢ではないだろうか。

両立コースについても、金野美奈子は「規範的な意味を強くもっている」と指摘する。確かに専業主婦コースは、予定のライフコースの多様化の一翼を担うにすぎなくなった。けれども「専業であったならば得られたであろう価値を失うことも同時に意味する」。「現在の『両立』モデルのもとでは、人々は『両立』をめざすことがかえってそれを難しくするというジレンマのなかに置かれている」（佐口和郎・中川清編著『講座・福祉社会2　福祉社会の歴史――伝統と変容』ミネルヴァ書房、二〇〇五年）。女性が両立コースを真摯に歩もうとすればするほど、どちらか一方に軸足が傾いてしまい、かえって大きな葛藤に直面する、というのである。確かに、産むことは選びとられるようになった。けれども、これまでの生活規範と仕事の継続との間のジレンマは、容易になくなりそうにはない。

非婚就業コースが二〇％を上回ったことにも注目したい。同じ調査で「いずれ結婚するつもり」が九〇％近くを占めていることと整合しないからである。仕事を続ける女性の生き方にとって、子どもを持つか否か以前に、結婚の選択がこれまで以上に大きな分岐点になっているのである。

ライフコースが多様化することによって、女性の生き方や生活条件によって子どもの価値は相対化されつつあるといえよう。子どもを持たない生き方ができるなかで、子どもを産むという選択がなされるからである。そこでは、子どもを持つことの受けとめ方も変わってくるのではないだろうか。かつては、子どもが「できる」と受けとめられ、いわば自然な営みの延長に命の始まりが受容されていた。今日では、柏木が指摘するように、子どもを産むことは意識的な選択をともない、子どもを「つくる」と感じられているのではないだろうか。

産む側と生まれる側の関係――親の精神的負担――

子どもが「できる」から子どもを「つくる」への感じ方の変化は、産む側の生き方や意思の介在を強く印象づける。この変化は、子どもの誕生後においても、親と子の関係にこれまでにない影響を及ぼすのではないだろうか。出産が人為をこえた出来事なら、親も子もともに受容する道筋を共有することも可能であった。ところが親による選択の介在は、親と子の受けとめ方に大きな相違をもたらす。意識的な選択はもっぱら産む側のものであり、生まれる側はまったく関与できないからである。産む側は、自らの選択であるがゆえに、その結果を無条件に受けいれねばならない。一方生まれる側も、自分の意思と関わりなく生まれてきたことをやがては受けいれねばならない。

このような相違は、もちろん言葉どおりに進むわけではない。中山まき子は、現在でも妊娠から出産の過程において、子どもを授かるという感覚が生じることを指摘している（原ひろ子監修『ジェンダー研究が拓く地平』文化書房博文社、二〇〇五年）。産むという選択には、何か大きな受動性が働いているのかもしれない。とはいえ、産む側の、選択の結果を無条件に受けいれることと、産まれる側の、意思と関わりない出自を受けいれることの関係が、言葉どおりに意識され、経験される可能性が、今日ほど大きくなったことはないのではないだろうか。

子どもを産み育てることの精神的な負担には、子どもの存在を親たちが無条件に受容することの大変さが含まれている。子どもは全く関与していないのに、すべてが書き込まれて誕生する。罪のない出自が受容されるためには、子どもの「イノセンスの表出」が大人によって「肯定的に受け止め」られ、「イノセンスの解体」と「書き換え」が行われなければならない、と芹沢俊介は述べている。その過程で生じる子供の「何重もの対抗暴力」が「いっさいの保留なしに」大人によって肯定されねばならないというのである（『現代〈子ども〉暴力論　増補版』春秋社、一九九七年）。無条件の肯定は言葉でいうのは簡単だが、日常生活の具体的な場面で実行するのは容易ではない。イノセンスの解体がうまくいかない場合は、なおさらである。
このような精神的負担の見通しは、子どもを産み育てることをいっそう意識的な選択の対象にする。多くの人々とりわけ女性にとって、自らの生き方においてどのように子どもの存在を受けいれるのかが、子どもを持つことの意味が、あらためて二十一世紀の生活課題として浮かび上がる。

産み育てることの経済的負担

それればかりではない。負担には、子どもの養育費や教育費という経済的な負担が含まれる。少子化に関する調査や言説も、経済的負担を強く意識させる。

「将来的に子どもを持つ場合の不安」として群を抜いてあげられるのは「経済的負担の増加」で七六・四％に達している（内閣府『平成二十二年版子ども・子育て白書』二十〜四十歳代男女の複数回答）。また「夫婦が理想の子ども数を持たない理由」をみると、「子育てや教育にお金がかかりすぎるから」とする回答が五六・三％で他の理由を圧倒しており、妻の年齢が三十歳代前半では八〇％をこえている（「第十五回出生動向基本調査」複数回答）。実際、やや古くなるが「平成十七年版国民生活白書」によれば、子育てをしない場合に比べて、子育てにかかる追加的な費用は一人目で千三百二万円、二人目で千五十二万円に上ると推計されている。また、大学を終えるまでの子ども一人にかかる養育費と教育費を合わせると、およそ二千六百〜三千二百万円に上るという試算もある。さらに、出産・育児で就業を中断することによって得られなくなる所得を、子どもを持つことの機会費用とみなすと、子育ての費用は計り知れない。

以上のような経済的負担が、数字どおりではないにしても、子どもを持つ際に多少とも意識され配慮されることは否定できない。そこには、子どもに苦労はかけたくないという親の思いも込められているであろう。本田和子が述べるように、「女性たちが、『よく育てる』ために、あるいは『貧しさから自己と暮らしを救い出す』ために、『多く産まないこと』を希求し続けた歴史」(『それでも子どもは減っていく』ちくま新書、二〇〇九年)は、とどまることなく少子・長命の生活環境につながっているのである。

生まれた子どもへのケア関係

けれども、いったん子どもが生まれると、事情は一変する。とくに乳幼児をケアする現場では、追加的費用は家計のやりくりのなかで分散され、機会費用は忘れ去られるのが現実ではないだろうか。「二十一世紀出生児縦断調査」の結果の経年変化をみてみよう。「子どもを育てていて負担に思うこと」に対する複数回答は、子どもの乳幼児期では、「自分の自由な時間が持てない」が五〇％以上で一位、「子育てによる身体の疲れが多い」や「目が離せないので気が休まらない」が続いており、「子育てで出費がかさむ」は三位以下にとどまっている。やがて子どもが長じると、「子どもの将来(進路など)に関すること」が一位になり、「子育てで出費がかさむ」が続いている。

この結果は、産む側の都合はどうであれ、現に生まれた子どもとの関わりの大切さと難しさを示している。目の前にいる子ども、とりわけ乳幼児の生理的な訴えやイノセンスの要求には、費用や時間の配分予定を後回しにして親は応えなければならなくなる。そこでは、子どもとの対面的な関係がむきだしになり、親の体調や仕事の状況は子どもにとってまったく無関係である。ミルトン・メイヤロフは「自分自身を実現するために相手の成長をたすけようと試みるのではなく、相手の成長をたすけること、そのことによってこそ私は自分自身を実現する」(『ケアの本質――生きることの意味』ゆるみ出版、一九八七年)と述べているが、この非対称な関係こそ、子どものケアをとおしての自己実現の場面なのかもしれない。

多くはないが子どもは生まれ続けている

子どもを持つことが選びとられる事柄となり、産まない選択が可能になるなかで、ここでは産み育てることを二十一世紀の生活課題として考えてきた。それは、子どもを産むことの意味が問われる今日でも、多くの人々が子どもを持とうとしており、しかも現実に多くの人々が子どもを持っているからである。精神的、経済的な負担が言説化され強調されるのは、産まない選択もありうる状況で、このような選好と現実がなお維持されているからなのかもしれない。

実際、選好については、未婚の女性に「子どもについての希望」を問うと、「子どもはいらない」とする回答は六・九%にとどまり、六二・七%が二人の子供を希望している（「第十五回出生動向基本調査」、「一生結婚するつもりはない」八・〇%を除く）。また「二十一世紀出生児縦断調査」によると、「子どもを育ててよかったと思う」とするものは一貫して九八〜九九%に上り、その理由（複数回答）としては、「子どもの成長によろこびを感じる」が一位で、「家庭が明るい」や「ふれあいが楽しい」が続き、それぞれ八〇%から七〇%程度を占めている。ほとんど例外なく、子育ての経験は肯定的に受けとめられているのである。

精神的あるいは経済的な負担にもかかわらず、現に子どもが生まれる。多くはないが子どもは生まれ続けているのである。子どもを持つことのリスクは、自らの選択ゆえに親が引き受けなければならない。親になることは、子どもとの持続的なケア関係を引き受けることを意味する。生まれてきた子どもとどのように向き合い関わるのか。母親身近にいる子どもの存在と、自分の生き方にどのような折り合いをつけるのか。親たちを主役とする模索と葛藤が続けられている。

もはや食べるために生きるのではないとすれば、何のために働き、何のために生きているのか。わが子がすべてではなくなり、自分を生かす大切さを手放せないとすれば、子どもとの関係は、自らの人生行路にどのように位置づけ、組み込まれるのか。親たちの自問が重ねられている。一方で、子どもたちも、保護され教育されるだけの対象にとどまらず、親や大人を驚かしさえする人格的な存在として、「生成変化」する「異質の他者」（前掲『それでも子どもは減っていく』）として成長しつつあるのではないだろうか。

子育てと子育ちのこのような現場からしか、少子や人口減少といわれる近未来の具体像は手繰りよせられないであろう。けれども、子どもを持つという選択の結果を、すべて親という「当事者」だけで受けとめられないのも事実である。そこでは、生まれてきた子どもへの社会的な支援が必要となる。これに関連する生活政策は、親の側の特定のライフコースを選別して行われるのではなく、赤川学の言葉を借りれば「生まれてきた子どもの権利という観点からのみ」展開されるべきであろう（『子どもが減って何が悪いか！』ちくま新書、二〇〇四年）。自分の意思によらない出自を受けとめ、イノセンスを書き換えることは、最終的には子ども自身によってなされるほかないからである。

三．核家族の揺らぎとケア関係のゆくえ

二十一世紀にかけての家族の変容

二十世紀から日本の家族は大きな変化を経験してきた。二十世紀の前半においては、家族を形成し維持することが希望でもあり目標でもあった。実際、困難な生活状況にもかかわらず、それまでとは比較にならないほど多くの家族が新たに形成され、人々は都市で家族としての生活を営めるようになった。二十世紀後半の家族は、出生児数を急速に減少させ、その規模を縮小することによって、よりよい生活に向かって自らを組織してきた。その過程でライフコースが多様化し、二十一世紀に入ると男女の生

涯未婚率も相当な値を占めるようになる。家族であることが希望や目標ではなくなり、家族を形成し維持することも選択されるようになるのである。

近代は家族の時代であったといわれる。それは、ほとんどの人々が結婚して家族を形成し、核家族が広範な基盤を獲得したという意味にとどまらない。むしろ家族が、凝縮された変化を生きることによって、自らの基盤をも揺るがすような今日の事態を引き寄せることを意味する。経験した変化の激しさにおいて、国家や企業以上に、二十世紀は家族の時代であった。流布された言い方を借りるなら、二十世紀後半から二十一世紀初めの家族こそが、国家や企業に先駆けて、自らの手で厳しい「リストラ」を行ってきて、現在ほとんどその限界に直面しているのではないだろうか。

前節では子どもを持つことの負担について述べたが、そもそも家族をつくることも負担に感じられているのかもしれない。

夫婦と子の核家族世帯の縮小と単独世帯の増加

まず図表9‐4によって、家族類型別一般世帯数と割合の変化をみてみよう。近代を代表する家族類型である核家族世帯の総数は、着実に増加してきたが、二〇一五年国勢調査の結果では頭打ちの兆しが見受けられる。総世帯数に占める割合は、一九八〇年の六〇・三%まで上昇した後、次第に低下して二〇一五年には五五・八%となっている。

核家族世帯の内訳をみると、核家族の中核ともいうべき夫婦と子の核家族は一貫して最も大きな位置を占めているが、実数では一九八五年をピークに、その後は漸減し、割合では、一九七五年の四二・五%をピークにその後は減少し、二〇一五年には二六・八%に低下している。二〇一八年の「日本の世帯数の将来推計」では、夫婦と子の核家族世帯が二〇四〇年には二三・三%に低下すると推計されている。

一方で、夫婦のみの核家族と、ひとり親と子の核家族は、近年ではなお増加傾向にある。核家族全体の頭打ち傾向と割合の低下は、夫婦と子からなる中核的な核家族の縮小傾向を反映しているのである。また、その他の親族世帯数は、三世代同居世帯を中心に減少傾向にあるが、割合としては一九六〇年の三〇・五%から二〇一五年の八・六%にまで低下し、世帯総数における相対的な位置を最も著しく縮小させてきた。

世帯人員別の一般世帯数の動きも、一九八五年を境に変化がみられる。一九二〇年の第一回国勢調査から最多であり続けた四人世帯が減少に転じて、一九九〇年には一人世帯が最多となり、二〇一五年には、一人世帯が一般世帯数の三四・五%、二人世

年次	総数	親族世帯							非親族世帯	単独世帯
		総数	核家族世帯					その他の親族世帯		
			総数	夫婦のみ	夫婦と子ども	男親と子ども	女親と子ども			
実数（1,000世帯）										
1960	22,231	18,579	11,788	1,630	8,489	245	1,424	6,790	74	3,579
1970	30,297	24,059	17,186	2,972	12,471	253	1,491	6,874	100	6,137
1975	33,596	26,968	19,980	3,880	14,290	235	1,553	6,988	67	6,561
1980	35,824	28,657	21,594	4,460	15,081	297	1,756	7,063	62	7,105
1985	37,980	30,013	22,804	5,212	15,189	356	2,047	7,209	73	7,895
1990	40,670	31,204	24,218	6,294	15,172	425	2,328	6,986	77	9,390
1995	43,900	23,533	25,760	7,619	15,032	485	2,624	6,773	128	11,239
2000	46,782	33,679	27,332	8,835	14,919	545	3,032	6,347	192	12,911
2005	49,063	34,227	28,394	9,637	14,646	621	3,491	5,944	268	14,457
2010	51,842	34,516	29,207	10,244	14,440	664	3,859	5,309	456	16,785
2015	53,332	34,315	29,754	10,718	14,288	703	4,045	4,561	464	18,418
割合（%）										
1960	100.0	83.6	53.0	7.3	38.2	1.1	6.4	30.5	0.3	16.1
1970	100.0	79.4	56.7	9.8	41.2	0.8	4.9	22.7	0.3	20.3
1975	100.0	80.3	59.5	11.6	42.5	0.8	4.6	20.8	0.2	19.5
1980	100.0	80.0	60.3	12.5	42.1	0.8	4.9	19.7	0.2	19.8
1985	100.0	79.0	60.0	13.7	40.0	0.9	5.4	19.0	0.2	20.8
1990	100.0	76.7	59.5	15.5	37.3	1.0	5.7	17.2	0.2	23.1
1995	100.0	74.1	58.7	17.4	34.2	1.1	6.0	15.4	0.3	25.6
2000	100.0	72.0	58.4	18.9	31.9	1.2	6.5	13.6	0.4	27.6
2005	100.0	70.0	57.9	19.6	29.9	1.3	7.1	12.1	0.5	29.5
2010	100.0	66.6	56.3	19.8	27.9	1.3	7.4	10.2	0.9	32.4
2015	100.0	64.3	55.8	20.1	26.8	1.3	7.6	8.6	0.9	34.5

図表9-4　家族類型別一般世帯数の動向：1960〜2015年
（出典）国立社会保障・人口問題研究所編『人口の動向　日本と世界——人口統計資料集2018』厚生統計協会、2018年。

帯が二七・九%を占め、両者を合わせると一般世帯の六割以上に達している。また二〇一五年の平均世帯人員は二・三三人であるが、二〇四〇年には二・〇八人まで規模を縮小させると推計されている。

単独世帯の増加によって、なお増え続けている一般世帯の総数も、二〇二三年頃をピークに減少に転じると推計されている。もちろん核家族世帯の総数も例外ではない。増加し続けている単独世帯の数も、二〇三二年頃をピークに減少しはじめると推計されている。

いずれにしても、近代を代表する核家族世帯は、単独世帯の増加によって、一般世帯に占める割合を次第に低下させつつある。近代の核家族が生きられることによって、逆説的ではあるが、核家族世帯とりわけ夫婦と子の核家族世帯は、その相対的な位置を縮小させているのである。

一方で、単独世帯の増加には歯止めがかかりそうにない。単独世帯は一九六〇年から一貫して、その実数も割合も増加させつつある。一般世帯総数に占める単独世帯の割合は、二〇一五年の三四・五%から、二〇四〇年には三九・三%に達すると推計されている。二〇一七年の中位の人口推計では、二〇〇〇年生まれの女性の生涯未婚率は一八・八％と仮定されている。また、離死別や無子割合などを考慮すると、五十歳時点で未婚・既婚を問わず独身の女性が、二〇四五年には四割近くに達するという推計もある（前掲『日本の人口動向とこれからの社会』）。男性の独身割合は、女性のこれらの数値を上回るであろう。当然ながら高齢単独世帯も着実に増加する。これからの長い人生行路においては、配偶者も子どもも持たない生き方が増加して、単独世帯は、これまで以上に身近な存在となるのではないだろうか。

核家族における婚姻と親子の関係――脆弱性とケア関係――

近代はさまざまな共同体を解体し、新たな関係を築いてきた。けれども近代は、家族の共同的な関係のすべてを解体するわけではない。そのため戦後の家族法も、二つの異なった性格を合わせ持っている。

新たな家族を成立させる婚姻は、自由な男女の契約に擬制される。生涯にわたる契約が想定されるものの、契約を解消して離婚することも可能であり、新たな契約をして再婚することも可能である。このように夫婦の関係には、限りなく近代的な契約関係が持ち込まれ、その根拠として愛情による情緒的結合が求められるが、場合によっては愛情の喪失が契約解消の理由にもなる。現代の核家族の特徴でもある情緒的結合は、夫婦関係の継続性を揺るがす脆弱さにもつながりかねない。

他方では、主として血縁関係にもとづく親子の関係が存在する。親子関係は、当然ながら自由な個人の契約に擬制することができず、近代の家族法では扶養や親権という形で、いわば義務や権利として言説化される。けれども、親の子どもへのケア関係や、子の老親へのケア関係などは、義務や権利という法的な言説とは異なる次元で、日常的には受けとめられ処理されているのが現実であろう。しかも家族内で現実に引き受けられているケアは、ケアを必要とする者との間の非対称的な性格を帯びている。

以上のように家族は、夫婦関係と親子関係という異なった共同関係から成り立っており、近代の家族法も異なった仕方で対処したのである。夫婦の関係をつなぐ愛情と性愛は脆弱さと隣りあわせである。それに対して、ケアを必要とする関係は、包括的で継続的であり、個別的ではあるが必要とする者は一人とは限らない。振り返ってみると、一九六〇年代前後の核家族の増加期には、夫婦関係を中心とした議論が多かったことも事実である。それに対して今日の少子・長命の環境では、親子を軸としたケア関係に関心が注がれる時代状況にあるともいえよう。そこでは、夫婦の関係にもケア関係が浸潤するのではないだろうか。高齢者夫婦のケア関係のように。こうして核家族の奥底に埋め込まれてきた、義務や権利として言説化しにくいケア関係や、社会化されることが困難なケア関係があらためて姿を現し意識されることになる。

ミクロの生活支援が拡充した今日においても、ほとんどの子どもや障がい者、多くの高齢者は、家族の関係において何らかのケアを受けている。人々が生涯のうちに経験するケア関係は、今日でもなお家族の関係を欠いては引き受けられない。しかも家族によるケア関係の多くは、自由な契約関係には馴染まず、いわば非対称的な贈与関係で展開されている。近代の関係から残余化され、家族の内に埋め込まれたケア関係を、掘りおこし、開いていくことができるとすれば、家族の外側からの作用がきっかけとなる。そのきっかけとなったのは雇用関係の家族への浸透であった。

雇用関係と家族のケア関係

近代の核家族は、自営業的な再生産の基盤を失い、その経済的基盤を家族の外部に求めるほかなくなる。歴史的には雇用関係の登場と展開が、家族の経済基盤を大規模に保証することになる。すでにみた雇用労働者核家族の登場であり、その後の生活モデルが形づくられる。この生活モデルは、多様な家族形態のなかで夫婦と子どもからなる核家族と、多様な働き方のなかで雇われて働く雇用労働とが、特定の条件のもとで結びついたモデルである。とはいえ核家族と雇用関係とは、そもそも異なった編成原理に属している。

雇用関係による労働の場所や時間は、家族の生活に影響するであろう。極端な多子世帯や重度の傷病は、雇用関係にも影響するであろう。前章でみたように、核家族の編成には、雇用関係に受け入れがたい側面があり、雇用関係の編成にも、核家族に受け入れがたい側面がある。両者は本来的に一致しない側面を持っており、当初から社会保障政策や雇用制度によって調整されねばならなかった。

歴史的な経験としては、両者の不一致によって強い影響を受けたのは、家族の側であった。男性世帯主が雇われて働くことにより、その稼得によって家族の経済基盤が確保されるからである。そのため男性稼ぎ主を中心とした家族成員の間の役割分担が明確化されて、家事や育児などのケアが女性配偶者の役割となり、子どもは養育され教育される存在となる。しかも学校教育の受容は、家族の外で雇われて働く人材の育成によって、家族集団としての再生産から次第に遠ざかるように作用した。

その後も雇用関係は、核家族の内部関係に大きな影響を及ぼしている。とりわけ近年における既婚女性の雇用労働力化の進展は、いったん整序された核家族の役割分担の再編を促すことになる。女性のライフコースの多様化は、既婚女性がさまざまな形で雇用労働とかかわることによって、ケア関係をこれまでのように女性の分担とすることをむずかしくするからである。夫婦共働きで経済基盤が安定したとしても、家族のケア関係がなくなるわけではない。また雇用関係は、労働力としての再生産には関心を示すが、誕生から死にいたるケア関係のすべてに責任を負うわけではない。

そのため今日では広範な生活支援政策が実施されていることは、前章でみたとおりである。けれども子どものケアには家族の時間も必要であろう。老親のケアにも、たとえ施設に入居したとしても、家族による調整機能は求められよう。家族のケア関係が、完全に社会化される状態を想像することは困難である。

雇用関係が核家族の内部に浸透し、ケア関係の役割分担が見直され、再編を促されることは、同時にケア関係の意義と拡がりを再認識することでもあった。雇用関係と核家族との齟齬は、時にケア労働や不払労働にアナロジーされながらも、家族によって担われてきたケア関係のあり方を、かえって鮮明に浮かび上がらせたのである。

ケア関係の再構築と現代の家族

雇用関係の家族への浸透によって、家族のケア関係が焦点化される事情をみてきた。ケア関係が焦点化されるのは、逆説的ではあるが、現代の家族のなかにケア関係があらかじめ組み込まれなくなったためである。あるいは、小集団としての家族の再生産という文脈から、ケア関係が離脱してしまったためである。

そもそも子どもは、親の選択によって誕生する。そして生まれた子どもへのケアは、子ども自身のために傾注される。いずれも再生産の意識は皆無である。老親のケアも、かつての同居・扶養とは異なり、老親の状態とケアする側の事情によって、多様なケア関係が選択される。家族によるケアは、現にケアを必要とする個々の子どもや老親に対して行われている。ケア関係は、必要に応じて、個別的に成り立ち、維持されることになる。

現代の家族は、ケア関係をあらためて組み立てようとしているのである。さらにいえば、ケアをとおして家族という関係を探っているのかもしれない。

家族社会学者の森岡清美は、家族を実体的な固い集団としてではなく、現に営まれている機能において具体的に把握して、次のように述べている。「夫婦・母子・父子といった親族ネットワーク」「から結果的に家族集団の存在が認知されるのであって、まず小集団としての家族が存在するのではない。」「ネットワークの海のなかで家族はとくに高密度なネットワークを形成し、自らを差異化している。」ネットワークの差異化によって家族が見出され、機能しているというのである。

その上で森岡は、家族の「構造よりも機能に着目して」、現実に「問題をもつ家族から接近」すべきであるとしている（『発展する家族社会学——継承・摂取・創造』有斐閣、二〇〇五年）。ここでは、ケア機能が問題とされていることはいうまでもない。

「問題をもつ家族」の一つの典型は母子世帯であるが、法学者であるマーサ・A・ファインマンは、母親を「私事化された依存を可視的なものとして示す力をもったメタファー」として、「『母子』対に体現されるケアの担い手と依存者とからなる養育家族単位」への法的支援を強調する。注目したいのは、「私があらたに再定義した家族のカテゴリーのもとでは、依存の必要な弱者をそのケアの与え手によりそって位置づけている。」と述べていることである（『家族、積みすぎた方舟——ポスト平等主義のフェミニズム法理論』学陽書房、二〇〇三年）。

ここでのファインマンの主張は、家族に備わった機能としてケアを位置づけるのではなく、反対に家族のカテゴリーを「依存の必要な弱者をそのケアの与え手によりそって位置づけ」ようとするものである。依存する者とのケア関係によって家族を「再定義」することの意義は、「母子対」にとどまらない拡がりを持つ。とりわけケア関係をあらためて組み立てようとしている現代の家族には示唆的である。

現代家族にとってケア関係は、ケアを必要とする者との非対称的な関係を引き受けることを意味する。けれどもケア関係は、現代家族にあらかじめ備わっているわけではない。ケア関係は、ケアを必要とする者との間で個別に組み立てられ、継続することによって成り立つ。もちろん生まれたばかりの子どもとの間で、反射的に成立することもあろう。夫婦の間でも成立することがあろう。別居している老親との間に成立することもあろう。ケア関係が継続することで、地域や社会との関わりが生まれることもあろう。いずれにしても、いくつかのケア関係が持続されることによって、家族の関係が維持されているという側面を見逃すことはできない。

繰り返しになるが、現代の家族はケア関係をあらためて組み立てようとしているのである。その営みは、ケアをとおして家族という関係を模索している姿のように思われる。

家族の関係の模索

最後に、家族の関係をつくる、夫婦やパートナーの関係についてである。社会学者のウルリヒ・ベックは、次のように述べている。

家族か非家族かという極論の間に立たされて、ますます多くの人間が第三の道、すなわち、矛盾に満ちた、多元的な、激変するライフコースを選びはじめている。生活形態のこのようなライフコース上の多元化——すなわちある家族から別の家族へと家族を交替し、あるいはその交替が別の形の共同生活あるいは一人暮らしと混ぜ合わされたり、それによって家族の交替が中断されたりすること——は、個人化にともなう諸制約のもとでの男女の協同関係と対立関係の（逆説的な）「規範」となる。

全人生について考察するなら、大多数の人間は、苦悩と不安をかかえながら、歴史的には自らに課された共同生活形態の試験段階のなかに入っていった。その終焉と帰結を今日見極めることはまったくできない。しかし「失敗」をすることはあっても、新たな「試み」は続けられるであろう。

（『危険社会――新しい近代への道』法政大学出版局、一九九八年）

ベックは、パートナー関係が複雑に交替するなかでも、「共同生活」の「試み」は続けられると展望している。

もはや家族を形成し維持することに拘泥はできないが、家族の関係が、選択され生きられる関係として失われていないとすれば、どのような場合だろうか。それはおそらく、生き方を模索する場として、家族の関係が引き受けられる場合であろう。計画と選択の結果であるかのような出生とその後の成長は、親と子においてどのように受け入れられるのか。これまでにない長い生涯の終末はどのように迎えられるのか。ケア関係とパートナー関係を組み立てながら、生き方の模索が続けられている。

四．生涯の終わりに向かって

高齢者の生活や介護については、すでに第七章や第八章で述べた。ここでは三つの点を補足しておきたい。

一つは、超高齢化と人口減少の関係についてである。高齢に分厚い人口ピラミッドと急速に低下する人口曲線との関係ともいえよう。この関係は通常、世代間の扶養問題や世代間の対立構図として議論されることが多い。けれどもここでは、急速な人口減少の局面で、それまで生きてきた高齢者が膨大に存在するという人口学的な機序について考えてみたい。分厚い高齢者人口の存在は、人口減少下の過度な変化を緩和するように作用するのではないだろうか。

近代はよりよい変化を目指してきた。人口曲線が示すように、人口規模は目覚ましい増加を経験してきた。生活水準も二十世紀末まではおおむね右肩上がりで推移してきた。それぞれの世代の階層的な地位も近年までは先行世代を乗りこえることができた。二十一世紀に入ってからの急速な人口減少の局面では、これまでのような近代の変化を続けることがもはや困難になっている。生活水準も長期にわたって頭打ちとなり、父親と比べた仕事の社会的地位も、低下したとする回答が日本で最も多くなっている（ISSP「職業と社会に関する国際比較調査」二〇〇九年）。日本社会は未曾有の転換の渦中にあるといえよう。

転換期における分厚い高齢者人口の存在は、人口オーナス（負担）にとどまらず、無理な選択や変化を回避する役割を期せずして担わされているように思われる。長命の高齢者たちは、個々に分断されているのではなく、さまざまな経験が絡まり合って長い命を生きてきた。生き方の自省や衰えの自覚をともなって、自らのケア関係について思いをめぐらしている。過度な変化は望まないであろう。長命の高齢者の分厚い存在そのものが、急速な人口減少下の社会のあり方をつなぎとめている側面があるのではないだろうか。

さらにいえば、先祖や未来の子孫とのつながりを意識し、自己中心性を低下させて利他性を増大させ、他者への依存を肯定するという、日本の超高齢者の特徴は、これからの価値意識の一つの方向性を指し示しているのかもしれない（増井幸恵「老年的超越」『日本老年医学会雑誌』五三巻三号、二〇一六年）。

二つは、人口の自然動態数の推移と「多死社会」についてである。今日のわれわれは、生まれるとほぼ必ず育ち、長生きする環境に生きている。そして、ほとんどが長命で死を迎えるであろう。図表9-5は、出生数と死亡数の長期推移を示している。二十一世紀初めには、出生数が死亡数を下回り、自然動態がマイナスとなり、その後も、出生数の減少と死亡数の増加は続き、自然動態のマイナス幅は拡大することにな

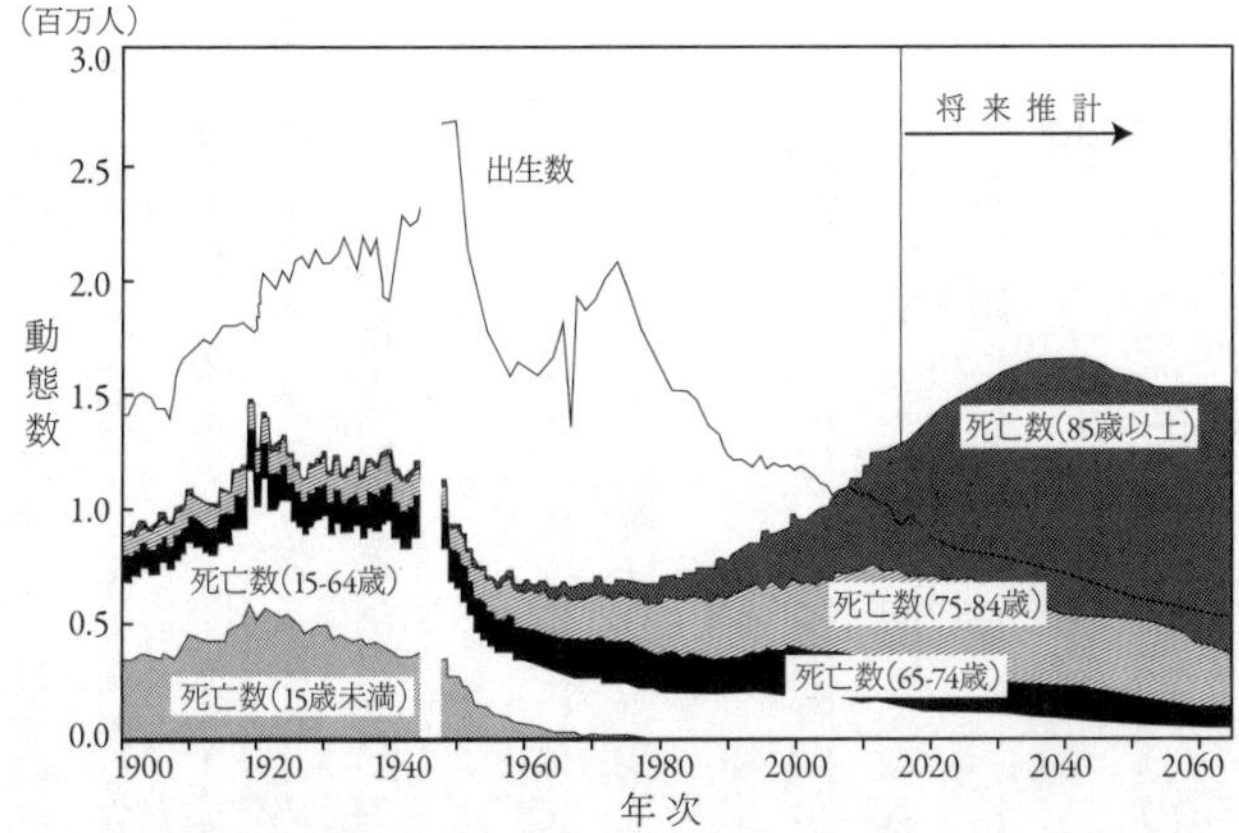

図表9-5　出生数と死亡数（死亡年齢構成）の長期推移：1900〜2065年
（出典）森田朗監修『日本の人口動向とこれからの社会』東京大学出版会、2017年、26頁より転載。

る。人口減少社会の到来である。

死亡数の動きをみてみよう。一九六〇年代と七〇年代の死亡数が最も少ない時期をはさんで、二つの山が認められる。戦前の死亡数の山は、十五歳未満を中心に、大半は六十五歳未満の死亡で占められていた。注目したいのは二十一世紀からの山である。二〇四〇年前後の年間百六十万人をこえる死亡数をピークとして、分厚い死亡数が高原状に長期間続き、そのほとんどが六十五歳以上の高齢者で占められている。なかでも八十五歳以上の増加が著しく、死亡数の大半を占めるようになる。

これらは、少子・長命の人口環境を、自然動態とりわけ死亡数の動きとして示している。おそらく二十一世紀をとおして、多くの高齢者の死に向き合う「多死社会」を迎えることになるであろう。しかもその大半は八十五歳以上の長命の高齢者であり、介護や終末期ケアのあり方もあらためて課題となるであろう。長期におよぶ「多死社会」では、長い生涯を生きた人々がその座を去っていく。一九四七年生まれの筆者もその一人である。

三つは、「生物学的な死」についてである。生きている者は、他者の死を経験できないが、必ず死を迎える。柳澤桂子の「死とは何か」の叙述から引用して、本章を閉じたい。

私たちの寿命は、受精の瞬間から時を刻みはじめる。産声をあげる一〇ヵ月も前から、私たちは死に向けて歩みはじめるのである。しかし、その歩みは、はじめから崩壊に向かっているのではない。一個の受精卵は六〇兆個の細胞に増え、人間という小さな宇宙を形成する。脳が発達して、喜怒哀楽を感じ、考え、学習する。自意識と無の概念は死へのおそれを生むが、死への歩みは成熟、完成を経る歩みである。

（中略）

生命の歴史のなかでは、生と死はおなじ価値をもつ。生きている細胞より、死んだ細胞の数の方がずっと多いという意味において、それは死の歴史でもあるといえる。三六億年の生命の歴史のなかに編み込まれた死を避けることはできないし、それは避けてはならないものである。死によってこそ生は存在するのであり、死を否定することは生をも否定することになる。

多細胞生物にとって、生きるとは、少しずつ死ぬことである。私たちは死に向かって行進するはてしなき隊列である。

（『われわれはなぜ死ぬのか――死の生命科学』草思社、一九九七年）

参考文献

柏木惠子・高橋惠子編『人口の心理学へ――少子高齢社会の命と心』ちとせプレス、二〇一六年。
国立社会保障・人口問題研究所編『日本の将来推計人口　平成二十九年推計』厚生労働統計協会、二〇一七年。
国立社会保障・人口問題研究所編『日本の世帯数の将来推計（全国推計）二〇一八（平成三十）年一月推計』厚生労働統計協会、二〇一八年。
森田朗監修、国立社会保障・人口問題研究所編『日本の人口動向とこれからの社会――人口潮流が変える日本と世界』東京大学出版会、二〇一七年。

おわりに

この本は、放送大学で二期にわたって担当した授業の印刷教材、『現代の生活問題』二〇〇七年と『現代の生活問題〔改訂版〕』二〇一一年をもとにして、構成や内容に変更と修正を加えるとともに、新たな章を追加してまとめたものである。また目的をより明確にするため、タイトルを「近現代日本の生活経験」に変更した。

放送大学のお話を松村祥子放送大学名誉教授からいただいたのは、老母の介護のため慶應義塾大学から同志社大学に移ったばかりの頃であった。やりとげられるか不安であったが、今ではお引き受けして本当によかったと思っている。松村先生には、担当授業が終わるまでご助言をいただき、心より感謝したい。

放送大学叢書の執筆に取りかかってから、しばしば思いおこされることがあった。それは、一九七五年八月の広島での被爆者調査とその後の検討会の議論である。

筆者は大学院生の時、旧厚生省の原爆被爆者生活実態調査の生活事例調査に初めて参加した。調査の責任者は、研究指導をしていただいていた中鉢正美慶應義塾大学教授であった。聞き取りをさせていただいた方の再調査をたびたび指示され、ケースの整理に追いまくられて、広島での十日間は瞬く間に終わってしまった。

その後、二年余りにわたって調査の検討会が執拗に続けられ、筆者も末席に加わった。二転三転する議論において、被爆者世帯の「子ども数の少なさ」や「高齢化の進行」などが俎上にあがったが、結論には至らなかった。けれども議論が重ねられることで、被爆者調査の位置づけや個別ケースの意味合いが、筆者にも少しずつ理解できるようになった。

中鉢先生は一九七九年に、検討会での議論を集約するような論文を発表された（広島市・長崎市原爆災害誌編集委員会編『広島・長崎の原爆災害』所収）。そこでは、被爆による家族の喪失と後遺症が、有配偶率の相対的な低さや世帯構成の遅れをもたらし、子世代人口を相対的に縮小させ、「被爆関係者の人口集団」の高齢化を加速する、とまとめられた。このことは、被爆者集団がその世代的再生産に受けた「後遺的ゆがみ（after effect）」とも表現された。

もちろん被爆者の生活経験は、それとしてとどめられねばならないが、超少子化と超高齢化に直面する今日、若いころにかかわった作業が思いおこされたのである。

新たにつけ加えた章について、あらかじめお断りしておきたい。第四章は、拙稿「生活改善言説の特徴とその変容」（『社会科学』同志社大学人文科学研究所、第四二巻第一号、二〇一二年）を「中流階級」に焦点をあてて、大幅に圧縮して書きあらためた。第八章は、拙稿「社会福祉と社会政策」（岩田正美・田端光美・古川孝順編著『一番ヶ瀬社会福祉論の再検討』ミネルヴァ書房、二〇一三年所収）をやはり大幅に圧縮して、本書の文脈にそくして書きあらためた。また拙稿「21世紀の生活政策に関する覚書」（同志社大学大学院総合政策科学研究科編『総合政策科学の現在』晃洋書房、二〇一六年所収）の一部を、第八章の導入で使用した。

本書の第七章から第九章の内容については、下田平裕身信州大学名誉教授、一圓光彌関西大学名誉教授から教えられるところが大きかった。お二人とは二〇一五年からメールでのやりとりで「討論教室」を続けてきたが、貧困や社会保障の考え方について実に多くのことを学んだ。お二人とのやりとりのなかで習い性となってしまった用語や文脈が、筆者の考えのように記されている部分があるとすれば、どうかご海容いただきたい。

最後になったが、本書の出版に際しては、放送大学の山田知子教授、左右社編集部の東辻浩太郎氏のお世話になった。あらためてお礼を申し上げたい。

二〇一八年三月

中川清

創刊の辞

この叢書は、これまでに放送大学の授業で用いられた印刷教材つまりテキストの一部を、再録する形で作成されたものである。一旦作成されたテキストは、これを用いて同時に放映されるテレビ、ラジオ（一部インターネット）の放送教材が一般に四年間で閉講される関係で、やはり四年間でその使命を終える仕組みになっている。使命を終えたテキストは、それ以後世の中に登場することはない。これでは、あまりにもったいないという声が、近年、大学の内外で起こってきた。というのも放送大学のテキストは、関係する教員がその優れた研究業績を基に時間とエネルギーをかけ、文字通り精魂をこめ執筆したものだからである。これらのテキストの中には、世間で出版業界によって刊行されている新書、叢書の類と比較して遜色のない、否それを凌駕する内容のものが数多あると自負している。本叢書が豊かな文化的教養の書として、多数の読者に迎えられることを切望してやまない。

二〇〇九年二月

放送大学長　石　弘光

放送大学

学びたい人すべてに開かれた
遠隔教育の大学

〒261-8586 千葉市美浜区若葉2-11
Tel: 043-276-5111　Fax: 043-297-2781　www.ouj.ac.jp

中川 清（なかがわ・きよし）
生活構造論、社会政策学。同志社大学名誉教授。主な著書に『日本の都市下層』（勁草書房、労働関係図書優秀賞受賞）、『明治東京下層生活誌』（編著、岩波文庫）、『日本都市の生活変動』（勁草書房、生活経済学会賞、社会政策学会学術賞受賞）など。

1947年 愛媛県生まれ
1978年 慶應義塾大学大学院経済学研究科博士課程修了
新潟大学商業短期大学部専任講師
1984年 日本女子大学文学部助教授
1994年 同志社大学経済学部教授
1998年 慶應義塾大学経済学部教授
2004年 同志社大学政策学部教授
2006年 放送大学客員教授

シリーズ企画：放送大学

近現代日本の生活経験

2018年4月30日　第一刷発行

著者　中川清

発行者　小柳学

発行所　株式会社左右社
〒150-0002 東京都渋谷区渋谷 2-7-6-502
Tel: 03-3486-6583　Fax: 03-3486-6584
http://www.sayusha.com

装幀　松田行正＋杉本聖士

印刷・製本　中央精版印刷株式会社

Printed in Japan ISBN978-4-86528-194-1

放送大学叢書

人間らしく生きる　現代の貧困とセーフティネット
杉村宏　定価一五二四円＋税

西部邁の経済思想入門
西部邁　定価一七〇〇円＋税〈三刷〉

日常生活の探究　ライフスタイルの社会学
大久保孝治　定価一六〇〇円＋税

家族と法　比較家族法への招待
大村敦志　定価一八〇〇円＋税

社会調査　しくみと考え方
原純輔　定価一八五〇円＋税

天川晃最終講義　戦後自治制度の形成
天川晃　定価二二〇〇円＋税

21世紀の女性と仕事
大沢真知子　定価一八五〇円＋税